企業変革のジレンマ

「構造的無能化」はなぜ起きるのか

宇田川元一
Motokazu Udagawa

THE DILEMMA OF
CORPORATE TRANSFORMATION

日本経済新聞出版

企業変革のジレンマ――「構造的無能化」はなぜ起きるのか｜目次

第4章　企業変革に必要な3つの論点　113

第7章 「変わらない」壁を乗り越える――組織の「自発性」を育む

序章

企業変革のジレンマにどう挑むか

「適応が適応可能性を排除する」

（カール・E・ワイク『組織化の社会心理学　第２版』）

長年働いてきた自分たちの会社の得体のしれない調子の悪さを目の当たりにし、どこから自社を変えていけばよいか、皆が悩んでいる。

「変わらなければならないという危機感が足りないのではないか」

この言葉には、実は様々な意味が込められている。

皆がこの状況をわかっていないのではないか、という焦り。状況をわかっていないから変わらないのだ、という苛立ち。

しかし、そこには何よりも、「どうすれば会社が変わっていくのかがよくわからない」という思いがあるのではないだろうか。

経営者は会社を変えなければいけないと思うかもしれない。働く人々は、自分の仕事をもっと成果や意義の感じられるものにしたいと思っているかもしれない。もしかしたら、そういう思いで働いてきたけれど、何度も思いが潰《つい》えることを経験して、諦めてしまっている人もいるかもしれない。

しかし、危機感があれば会社が変わるわけではない。

私たちが直面しているのは、近年、薄明かりの見えつつある日本の企業社会が、どのような問題を抱えているのか、どうすればよくなるのか、どこから手をつければいいのかがわからないという状態である。

そして、その重苦しさは、危機感という一言では言い表せない、もっと複雑なものである。その複雑さを前にして、多くの人が、自分には何もできないのではないかと立ちすくんではいないだろうか。

本書は、そのような複雑な現状を前に、自分の会社や組織を少しでもよくしていこうとする人々、よりよい未来を次の世代へと託そうとする人々のために書かれている。言い換えるならば、働くことに誇りを持とうとする人のための本である。

組織の複雑な問題を紐解く

私は、経営戦略論や組織論を研究する経営学者として、20年以上にわたり研究を行ってきた。その間にずっと考えてきたことが2つある。

1つは、一人ひとりはそれぞれの領分において正しいことをしているにもかかわらず、どうして組織になると、人々は悪を生み出すのだろうか、ということである。

もう1つは、組織が自らを健全に保ち続け、日々変わり続けるにはどうすればよいか、ということだ。

この問題意識の背後には、私の生い立ちがある。

私の父は、経営者であった。バブル経済の時期に、父親は銀行の話にのせられて多額の借金を背負うことになった。私たち家族は「晴れの日に傘を差し出し、雨の日に傘を取り上げられる」ことを、身をもって経験した。私は、年々貧しくなっていく惨めさを感じながら、思春期を過ごした。

父は私が大学院生の頃、がんで亡くなった。父の死後に、私が父のバブルの敗戦処理をせざるを得なかったことは、生涯忘れえぬ深い心の傷である。

父は病死であったが、同じような境遇の中小企業経営者たちの中には自ら命を絶っていった人々も少なくない。一家離散を経験した人、人生を狂わされた人がいるのもたくさん見てきた。

銀行員が悪人だったからそうしたことが起きたのだとは思わない。おそらく彼らもまた、普通の善悪の感覚を持った人々だったに違いない。

だが、なぜ、一人ひとりは悪人ではないのに、結果として、多くの人々の命が失われたり、人生に消せない傷を残すようなことが起きてしまうのか。このことは、私が経営学の研究者として、ずっと心の奥底で探求してきたテーマであった。

これは、必ずしも倫理的な問題に限らない。

むしろ、組織はどうして変われなくなるのか、という大きな難問の1つの表れである。

「一人ひとりは優秀なのに、どうして企業としての成果が生み出せないのだろう」という企業人の声をよく耳にする。私も同様の感覚を持つ。

組織としての成果を生み出せないのは、悪意を持った何者かがいて、成果を生み出すことを阻止しているというような単純な図式で説明できることではない。仮に阻止する人がいたとしても、その人はおそらく悪意ではなく、よかれと思ってそうしている。

それぞれの仕事の範囲で正しいことをしている人たちが集まることで、結果として、新しいものを生み出せないということが起きる。やがて企業は停滞し、変わることができない状態が生まれる。

なぜなのだろうか。そして、そのことが私には、悔しくて仕方がない。

この本を手に取っているあなたも同じ思いを抱いているかもしれない。

毎日こんなに頑張っているのに、どうして会社は変わっていかないのだろうという思い、先の見えない日本の社会の行く末に対する不安、そういうものを抱えて日々、仕事をしている人もいるだろう。だからこそ、人々の力を結集し、どうやって組織を変えていけるかを真剣に考えたいと思った。私は、この謎に正面から挑みたくて、本書を書いている。

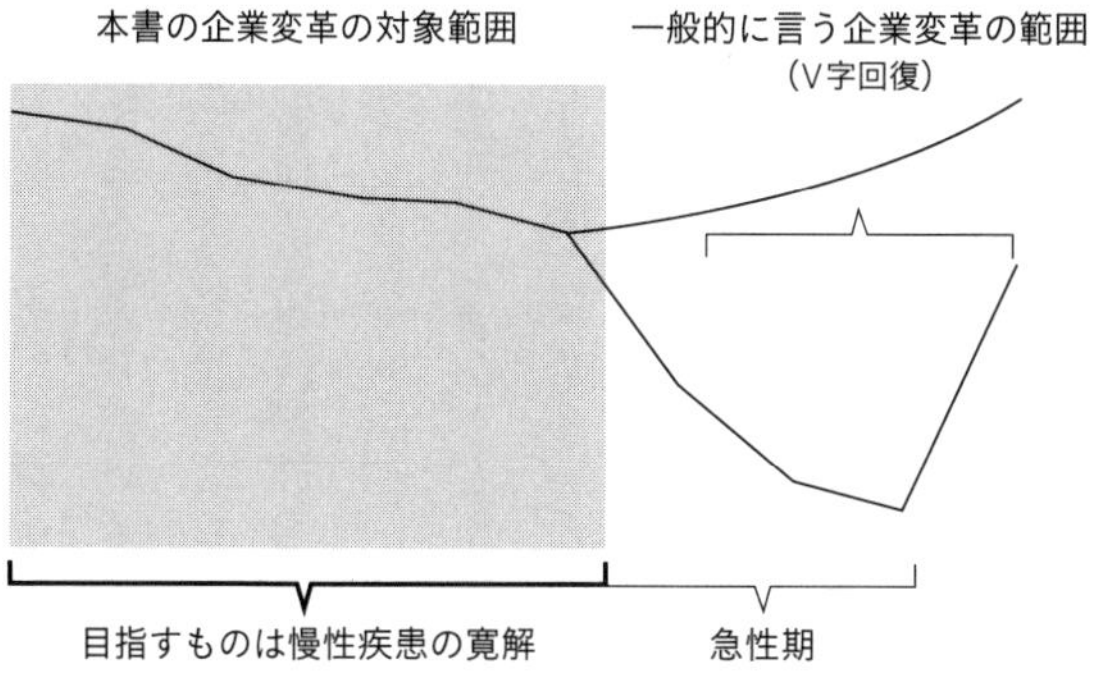

図序-1　本書の企業変革のイメージ

今日の日本社会は、緩やかな衰退という、わかりにくい危機の最中にある。少子高齢化はすでに1980年代から言われ続けてきたし、その結果としての人口減少は、確実な変化として誰もがどこかで認識していた。だが結局、その緩やかな変化に対して、私たちはまだ、有効な手を打つことができていない。

同様に企業について考えてみても、1970年代から80年代にかけて、日本企業は大きく成長を遂げた。とりわけ1980年代の経営学研究は、数多くの日本企業の経営スタイル、いわゆる日本的経営の研究でひしめいていた。

しかし、今日の日本企業は、そうした華々しく脚光を浴びた時代を遠く忘れ、緩やかな停滞の中にある。もちろん、その中で地道な変革を成し遂げ、経営する力を回復させた企業もある。だが、依然として全体の収益性は低いままで、数十年前の事業が売り上げの多くを占める企業も少なくない。緩やかな規模の縮小や利益率の低下など、確実な衰退に抗えない状況にある。

それは、こうした緩やかな衰退に伴う問題はいかなるものか、緩やかな衰退に抗う企業変革とは何であるのか、そのような中での企業変革はいかにして可能なのか、などの問題について、これまで正面から議論されたことがなかったからではなかろうか。

本書は、その状況に一石を投じたいと思っている。

「企業変革」というと、頭脳明晰な優れた経営者が明快な方策を講じ、V字回復を果たす様子をイメージする方も多いだろう。

しかし、今日多くの企業が直面しているのは、そうした明確な経営危機というよりもむしろ、不明確な状況にどう抗い、未来を切り拓いていけるかという問題ではないだろうか。

そこで本書では、企業変革を次のように考える。

企業変革とは、経営層、ミドル層、メンバー層によらず、組織に集う一人ひとりが、考え、実行する力を回復すること、そしてそれぞれが、その企業をよりよいものにしていけるという実感を持てるようになることである。

だが、企業変革に際して立ちはだかるのは様々なジレンマである。ジレンマとは、両立し得ない2つ以上の選択肢に直面し、身動きがとれなくなることを意味する。変革は未来から求められるが、私たちは今日の仕事の成果を求められる。未来と今日の間のジレンマは避けられないものだ。

この綱引きは、放っておけば日々の仕事が常に優先され、未来のための変革は後回しにされる。後回しにするほうが、今日の仕事にとっては合理的だからである。だが、こうして日々の仕事の正しさを積み重ねることが、やがては未来の衰退を招く。

今、多くの企業が直面しているこうした様々な企業変革のジレンマを、どうすれば乗り越えられるだろうか。本書ではこの問題について、1つずつ紐解いていこうと思う。

変革とは「経営」を回復することである

ピーター・ドラッカーは、経営思想家に転じる前の政治学者であった頃の著作『産業人の未来』（1942年）で、こう述べている。

いかなる社会といえども、一人ひとりの成員を組み入れない限り、機能することはできない。社会を構成する一人ひとりの人間が位置と役割を与えられない限り、社会は解体せざるをえない。大衆は反逆しない。しらけるだけである。挙げ句の果てに、自由に伴う責任から逃げるだけである。そのようなものは、そこに社会的な意味がなければ負担以外の何ものでもないからである。

後にドラッカーは、人々に位置と役割を提供する存在として、企業という共同体を位置づけた。すなわち、企業とは、人々が社会に参加することを可能にするという、社会を機能させるための基盤としての役割を担っているのだと言える。

これらのドラッカーの洞察は、今日の日本の企業社会、あるいは社会全体の問題を真正面から捉えているように思えてならない。この時代に生き、働く私たちが、社会に参加し、意味を感じられているか、また、そうした実感を生み出す役割を担うはずの企業が、その役割を十分に果たせているか、ということである。

数々の問題はあれども、おしなべて日本は豊かな社会になったと言えよう。

しかし、今、多くの働く人々が、企業あるいは社会の中で、新たな価値創造の一端を担っているという実感を持ちにくくなっている。社会をよりよいものに変えていく担い手としての自負を持つことができている人は、一体どれだけいるだろうか。

経営とは、社会において顧客を創造することであり、それを可能にすることである。このように考えたとき、私たちが働く企業は、経営をしていると言えるだろうか。

「経営する」とは、社会を建設し、人々を豊かにし、何よりも人々の社会参加を叶えるものである。この働きが滞ったとき、社会は確実に衰退していくだろう。

ドラッカーは『現代の経営』（１９５４年）において、企業の目的をこう述べている。

企業の目的は、それぞれの企業の外にある。事実、企業は社会の機関であり、その目的は社会にある。企業の目的として有効な定義は一つしかない。すなわち、顧客の創造である。

ドラッカーは、アメリカの農民たちが消費社会に参加できていなかったことに着目した小売り・流通大手企業のシアーズが、19世紀末に農民向けのカタログ通販の仕組みを作り、その実現のために、新たな営業組織による通販体制を構築したこと、後に都市生活者の増加を見たシアーズが、いくつものイノベーションとマーケティングを通じて、商業施設への事業転換を行ったことなどを紹介している。

シアーズは新たな事業だけではなく、人々が顧客として社会に参加する仕組みそのものをも創造した。それは言い換えるならば、シアーズで働く人々が社会参加を叶える仕組みを構築し、その仕組みをよりよいものにする営みの一員となっていったということだ。

変革とは「対話」することである

では、このように人々の社会参加を実現する経営は、いかにして可能だろうか。

本書はその1つの鍵を「対話（dialogue）」に求める。

本書で述べる「対話」とは、「他者を通して己を見て、応答すること」である。対話と聞いて多くの人が連想するように、それは単に「皆が一堂に会して話をすること」だけを意味しない。経営における対話とは、他者との関係性の上でこそ成り立つ、1つの思考の運動の形式である。

ドラッカーは「顧客の創造」と述べるとき、「顧客という他者」を媒介にして、企業が果たすべき役割を見出そうとした。そう考えるならば、顧客の創造とは、対話そのものと言ってよいかもしれない。

顧客に対して事業を構築する際に、実行する組織を作り、機能させることもまた対話である。なぜなら、組織とは「異なる階層間」あるいは「同じ階層の異なる部門間」、「同じ部署内の異なる人々」というように、異なるバックグラウンドを持つ他者の集合体であるからだ。

つまり、経営そのものが、他者との対話によって成立しているとも言える。

この対話が滞ると、企業は顧客を新たに創造して社会に価値を生み出したり、人々が自らの位置と役割を見出したりすることができなくなる。そのような状況が長く続けば、経営することは失われてしまうだろう。

このような状況に陥った組織を、自ら経営する組織体へと変えていくこと。それが、本書の目指すところである。

「構造的無能化」とは何か

本書ではまず、今日の日本企業でよく見られる状況について考察を行う。

そこから浮かび上がってくるのは、組織の断片化が進む中で思考の幅と質が制約され、それぞれの部門や部署で目先の問題解決を繰り返し、徐々に疲弊していく企業の姿である。現在の事業をより効率的に、合理的に実行しようとするために分業化が進み、ルーティンが定まってくることが、結果的に組織内の視点の硬直化をもたらす。

本書では、そうした組織劣化の問題を「構造的無能化」と呼ぶ。構造的無能化とは、組織が考えたり実行したりする能力を喪失し、環境変化への適応力を喪失していくことである。そして、本書では、この構造的無能化が、どのようなメカニズムで生じてくるのかについて考えてみたい。構造的に無能化する組織を変えていくためには、組織の様々な問題を1つずつ紐解いていくほかにない。その際に必要となるのが、対話的な思考と実践である。

先に述べたように、対話とは他者を通じて己を見て応答するという、思考の運動の形式である。もっと簡単に言うならば、それは相手を学ばせようとするのではなく、相手から学ぼうとする行いである。

変革の実践において、この対話という思考の運動の形式が随所に求められる。本書を通じて、この対話の持つ意味を、読者の皆さんにも、ぜひ感じ取っていただければ幸いだ。

こうした対話的な一連の取り組みは、「企業変革」という言葉から想定されるドラスティックなイメージとは対照的かもしれない。なぜなら、本書で述べていく企業変革は、長期にわたり、きわめて地味な実践を積み重ねるものであるからだ。

だが、対話とはそもそもきわめて地味な実践である。経営層からメンバー層までがこうした取り組みを積み重ねることを通じて、徐々に企業全体が経営する力を回復していく過程こそが、変革なのである。

本書の構成と考え方

ここで本書の概要を簡単に説明しておこう。

第1章では、今日の日本企業が直面している変革上の問題について、新規事業開発に取り組むA社の事例を紹介しながら、本書の扱う企業変革と、既存の企業変革論とのスコープの違いを明らかにする。この章を読めば、実際に企業変革においてどのような問題が生じるのか、実感を伴っておわかりいただけるのではないかと思う。

第2章では、本書で述べるような長期的な企業変革において、どのような取り組みが必要となるのか、その全体像を具体的に提示する。そして、変革を推進していく上で生じるジレンマを概観する。

続く第3章では、企業がなぜ様々な問題を抱えていくのか、その問題を生み出すメカニズムについて、いくつかの事例も紹介しながら、主に理論的に考察する。組織は成熟に向かうプロセスの中で、徐々に外部環境の変化への適応力を喪失し、「構造的無能化」の状態に陥る。本書の目的は、企業がこの構造的無能化の状態を脱却し、環境に適応し、必要な環境を創造する能力を取り戻すために何が必要かを示すことである。

第4章では、この構造的無能化から脱却するために、企業変革に必要な3つの論点を明らかにする。また、これらの問題を乗り越えていくには、対話が鍵となることを示す。ここで示す3つの論点とは、「多義性」「複雑性」「自発性」である。

第5章から第7章ではそれぞれ、多義性・複雑性・自発性という3つの論点について掘り下げる。

そして最終章となる第8章では、これまでの議論を踏まえ、企業変革を推進するために必要な支援とは何かを考える。企業変革を進めるには、各部門の努力が必要であるのは当然であるが、同時にそれらの努力を統合し、全社的な動きにしていかなければならない。ここでは主に、企業の経営基盤を支えるコーポレート部門（経営企画、人事、総務、法務、知財など）の働きという観点で考えてみたい。

尚、本書の特徴についても少しだけ触れておきたい。

それは、本書で考える企業変革においては、問題のある特定の誰かを想定していない、ということである。

企業変革に限らず、何らかの社会的な問題を考えるときには、誰かが怠けていたり、愚鈍であったり、搾取する人間がいたりという「悪者」を想定し、それを除去すればよいという図式で描かれることも多い。だが、本書はそのようなスタンスはとらない。

なぜなら、今日の日本企業が直面している状況は、そうした善悪の二元論で捉えられるほど、単純ではないからだ。そうではなく、それぞれが真面目に生きていたとしても、集団として無能化の問題が生じてしまうという複雑な現象であると、本書では考える。

悪者がいるならば、その悪者を取り除きさえすれば、変革することは容易だろう。だが、そのような都合のよい悪者は存在しない。

誰かが悪いのではなく、私たち自身が日々生きている構造自体が不調なのである。これをよりよいもの、機能するものに変えていくことが、今、多くの企業に求められている。

人々が集まると無能化してしまうという性質を持つ組織のメカニズムを、人々が力を発揮したり、力を得たりできるようなものに変えていくこと。それこそが、本書の変革に向ける眼差しである。

本書でこれから述べる企業変革の道のりは、長く果てしないものだろう。今日の日本の企業社会に求められている変革とは一朝一夕で片づく問題ではない。だが、この道程をできるならば、少しでも機嫌よく乗り越えていきたいと思う。

焦らず、対話的に物事に挑み、変革の成果を築き上げていくことで、少しずつ状況が変わり始める。

それによって変わるのは、単に自分たちの働く企業だけではない。それは私たち一人ひとりが、社会に参加する一員として、働くことの楽しさを、働くことの誇りを、回復していく過程でもある。

本書を読んでくださるあなたが、この長い変革の旅路に参加してくれることを心から願っている。

＊本書に登場するエピソードは、特定の企業を表すものではありません。一般にアクセス可能な情報、筆者が様々な企業で行ったアドバイザー活動、メンタリング、講演活動、私信などを通じて得た情報などをもとに、複数のエピソードを組み合わせ、脚色・創作しています。

第1章

あなたの会社で今、起きていること

「自分の拠って立つところが誤っている可能性に
意識が及ぶことのない人間は、ノウハウしか学ぶことができない」
（グレゴリー・ベイトソン『精神と自然』）

進まない企業変革

次に紹介するのは、表面上の現象は若干の違いはあれ、企業変革を進めようとする様々な企業で起きている問題である。今日、大手企業やスタートアップ企業、中小企業など、業種業態や規模の大小の違いはあるものの、多くの企業で同様の現象が見られる。この問題は一体何なのか、まずは、次のA社のエピソードを読みながら考えていただきたい。

A社は、創業70年という長い歴史を持つ製造業の大企業である。A社の市場シェアはトップで、業績も安定している。安定していると言っても、この先もずっと安泰なわけではなく、市場規模は頭打ちで、売上高も伸び悩み、利益率はジリジリと低下し続けている。新規事業によって、新しい事業領域へと事業を広げていかなければ、衰退から抜け出すことは難しい状況にある。

長らく市場で大きな地位を占めてきたA社は、1990年代半ば以降、新規事業開発が思うように進まず、事業ポートフォリオも刷新されてこなかった。そこで数年前からイノベーティブな新規事業開発のための部署を設立し、新たな事業分野を開拓することにした。

だが、実際に取り組んでみると、様々な壁に直面することになった。

まず、事業部門から「こんな事業をやりたい」と手を挙げる人があまり出てこない。その背景には、過去に本社の呼びかけで新規事業開発に挑戦したにもかかわらず、成果が芳しくなかったため、その取り組みが雲散霧消してしまったことも影響していた。

これは新しいことをやってみたい若手社員や、応援したい経営層が一定数いるものの、事業部門のミドル層が参加することを拒むという現象である。また、手を挙げたがらない若手社員たちも、新しい事業を作ってみたいが、現業との兼務がきつく、参加をためらうことが多いようだ。

昨今、古い価値観に固執して企業変革を妨げるミドル層を「粘土層」などと呼ぶことがある。彼らだって積極的に反対したいわけではなく、新規事業への取り組みも大切だと思っている。

しかし、部下からアイデアを出されたり、上層部から新規事業を展開せよと言われたりしても、現在の事業に従事し続けてきた身としては、どう判断すればいいのかがよくわからない。わからないなりに頑張って対処しているつもりだが、とても戦略的な視点で考えられているとは言えない。

こうして何年もの間、ある事業部では革新的な事業アイデアが出ることもなく、他社との競争にさらされ続ける中で数値目標の達成を求められている。そんな余裕のない状況で、大事な部下を新規事業部門に送り出す決断を下すことは難しい。なぜなら、会社にとっては長い目で見ればよいことかもしれないが、足元の自分の業績向上にはつながらないからだ。しかも、過去には身を切るような思いで送り出した若手社員を、会社が大切に扱わなかったこともある。送り出す理由はないと考えるのも無理からぬことである。

結局、新規事業のためのアイデアも人も集まらない。

そのうち新規事業開発部門は、問題の原因は社内風土にあると考えるようになる。そこで、人事部にも協力してもらい、社内風土を変えるための様々な取り組みを始める。例えば、社内で新規事業への取り組みをアピールする大きなイベントを開催し、社員の関心を高めようとした。

しかし、大きな変化は見られなかったし、むしろ、他のミドル層から「奴らは会社の金で遊んでいるだけじゃないか。あんな奴らに自分の大切な部下は託せない」と反発を食らうことになった。

では、外部のスタートアップ企業と連携しながら新たな取り組みを進めてみてはどうか。しかしここでも、積極的な協力は得られず、何かをしなければならないのはわかるのだが、何をしたらよいのかがよくわからない。

動かない現場——嫌われる人事部門

こうした事態に対処するため、人事部門も独自に動くように命じられる。

事業領域が長らく変わらない中で、若手社員を中心に、成長の実感を持てずに辞めていく社員が増えた。給料は決して悪くないし、事業の安定性も高いのだが、利益率はじりじりと低下しているし、新しいことにチャレンジできない状況は変わらない。

定められたＫＰＩ（重要業績評価指標）の達成だけが優先される職場になってしまったことが、若手社員の失望を生み、もっとやりがいのある仕事をしたい意欲のある人から辞めていく。このままだと、会社をよくすることを諦め、粛々と働く人たちだらけになるかもしれない。

これまでも、外部の人材育成コンサルティング会社に依頼して、新規事業プランについて考える研修プログラムなどを展開してきた。だが、そこから実際に生まれた事業は１つもないし、参加者にもその意欲はなさそうだ。今回の動きに合わせて、別の人事コンサルティング会社に依頼して新規事業開発の取り組みも始めたものの、その場は楽しく盛り上がっても、大きな変化にはつながっていない。もっと社員の本気度を上げるにはどうしたらいいのかと思う。

人事部門は、原因は閉鎖的な社内風土にあるのだと考え、経営会議に風土改革を提案した。先日の会議ではそのアイデアが了承され、新たに組織風土改革室が発足することも決まった。

風土改革では、改善すべき部署を特定するために、近年の人的資本開示の動きに合わせて、従業員の会社や仕事への愛着度などを調査するエンゲージメント・サーベイのほか、いくつかのサーベイを実施し、状況把握とフィードバックを行っている。

また、状況改善の方法として、メンバー層がマネジメント層と定期的に対話する1 on 1などの取り組みや、心理的安全性を高めるための講習も始めた。メンバー層が目的意識を持って生き生きと働けるように、「個人パーパス」と命名した、個々人のキャリア目標設定シートの取り組みも始まった。

だが、ミドル層からは、「ただでさえ忙しいのに、さらに仕事を増やすのか」と文句を言われ、嫌々実施していることがよくわかる。実際、数値目標の達成度が低い部署ほど、こうした取り組みに消極的だ。彼らの意識の低さは一体何なのだろうと思う。そのような中で、人事部門は風土改革を推進するべく、エンゲージメントの数字を睨みながら改革の必要性を説明して回り、改善を働きかけている。

個人パーパスの取り組みでは、若手社員が事業に縛られない社会貢献への夢を描く一方で、ミドル層は事業の数値の改善しか頭にない様子に愕然とする。若手の夢を意識の低いミドル層が潰しているのではないかと考え始める。

浸透しないパーパス――苛立つ経営企画部門

経営企画部門も動いている。

経営企画部門は、自社の方向性を共有するために役員クラス以上の経営上層部を集め、外部のコンサルティング会社に協力を求め、自社のパーパスを制定することにした。完成したパーパスはきわめて抽象度が高く、いかようにも解釈できる内容であった。彼らの考えでは、30年後の自社を考えるのだから、抽象度は高いほうがよいのだという。

やや違和感を覚えながらも、人事部門と連携し、動かない部長クラスを主な対象として、社内でパーパスの浸透策の検討を始めた。全社的なパーパスを各部署の取り組みに落とし込み、今後の変革に向けてレポートさせるのだ。

だが、その場に参加したミドル層は、「この先、社会のためにもこういう事業を展開したい」と熱く語るものの、日々の仕事に変化は見られない。変革の進捗をレポートさせてみても、結局、現状の事業の枠組みを超えた発想が出てくることはなく、なんとも貧困なアイデアと意欲の低さを見せつけられる。

中期経営計画で各事業部門長の猛烈な反発によって妥協の数値を突きつけられる中、それでもなんとかして皆に危機感を持ってもらおうと、数値目標を掲げ、変革の必要性を訴える。だが、一向に社内の本気度が高まっているようには見えない。

いつのまにこんな会社になってしまったのか――愕然とする経営層

経営層はどうだろうか。

自社の事業領域が広がらないことや、収益性が下がっていることに、経営層は大きな懸念を持っている。近年は、時価総額の向上を企図した経営が求められるようになったが、現状では株価も思わしくなく、なんとかしなければという思いだけが募る。だからこそ、若手社員たちには存分に力を発揮してもらい、新規事業までいかなくとも、会社の中に新しい風を吹かせてほしいと望んでいる。

しかし、そう思って、実際に新規事業開発部門の設置にゴーサインを出したものの、目立った進捗は一向に見られない。人事部門のレポートによれば、ミドル層がそれを止めているらしい。どうしたものだろうと思う。ここまで自社は硬直的な風土なのかと愕然としながら、様々な形で新しい取り組みを率先して紹介し、応援するものの、社内が変わっていく様子は見られない。

自分の若い頃は、もっと上の人間が若手をサポートして、新しいアイデアを形にさせようとしていたのに、今のミドル層はどうしてそうしないのかと頭を抱える。

役員クラスは、自分の管掌事業については強い関心を持っているが、新規事業や変革となると、そこまでの関心を持ちづらいのが本音である。だから、頼まれれば支援はするものの、新規事業などの取り組みについては、その担当部署の役員の仕事だろうと、どこか他人事のように考えている。

確かに、新規事業は進めたほうがいいだろう。だが、自分たちの予算達成の邪魔になるほどの工数を取られるのは、はっきり言って迷惑とすら思う。


変革は完全に頓挫している。

一体これは何なのか。

変革を推進しているメンバーだって、既存事業の部門だって、必死に働いている。それなのに会社はちっとも変わらない。変わらないどころか悪くなっているように思える。

「わかっていないのは、たぶん私たちだったのだ」

しかしこうした試行錯誤の中で、新規事業開発部門は少しずつ、自分たちが直面している問題が想像よりもはるかに大きなものだと気づき始める。

どうやらこれは、社員の意識の問題ではないようだ。個々人の意識にどんなに働きかけてみても、結果は好転しそうにない。

目に見えている問題の背後にあるもっと複雑な問題に着手していかなければ、新規事業の1つさえ生み出すことができないのではないか。しかしそれは「風土」というような言葉で表現してしまうと、また捉えそこねてしまう何ものかだ。

問題の全容ははっきりとはわからない。だからこそ、会社に取り憑いているこの正体不明の妖怪の姿に目を凝らし、その尻尾をなんとか捕まえて、できることを1つずつやっていくしかない。今までは、正体がわからないものを勝手に「風土の問題」「意識の問題」だと思い込んでいた。だが、そもそも風土も意識も、捉えどころのない何ものかに名前をつけて、問題の複雑さを見ないようにしていただけではなかったか。

新規事業を始める際も、もっと考えるべきことがあったように思う。

会社がどこに向かおうとしているのか、長期的な方向性と全社戦略も、曖昧なままだったように思う。どのような技術、知的財産、アイデアを活用して、変わりゆく社会で、新しい事業を作ろうとしているのか。それを真剣に考えることなく、ただ、手を挙げる人を待っていただけだったのではないか。

そうだとすると、まずは、経営陣が明確な事業開発戦略を打ち出すことが必要なのかもしれない。それはつまり、事業担当執行役員を含めた経営上層部が中心となって、各利害関係者がその戦略に対して自部門の位置と役割を考え、コンセンサスを形成するということだ。

だが、経営陣とて、目に見える問題の背後にある複雑な問題に踏み込むにはどう働きかければよいか、正直よくわからない。それでも、大小様々な壁を越え続けなければ、変革はない。いや、壁を越え続けることが変革なのかもしれない。

執行役員層も含む経営上層部に、全社戦略への明確な理解の形成と、自分の果たす役割に対する自発的な態度が生まれなければ、新規事業開発部門の新たな取り組みは理解してもらえないだろう。これまで、自分たちが積極的な協力や支援が得られなかった理由は、そこにあるのかもしれない。上層部がそうであるならば、事業部門や他のコーポレート部門の動きがいまひとつ噛み合わないのも無理からぬことだろう。

結局、社内の人々は皆、動こうにも動けなかったのかもしれない。

これは想像以上に大きな仕事だ。どこから手をつけたらいいのだろう。

経営企画部門や人事部門も、自分たちが何をわかっていなかったのか、少しずつ気づき始めていた。

だが、どんなに頑張っても、現場は萎えていくばかりで、変革が進むどころか、状況が悪くなっているとしか思えない。一体自分たちは何をしてきたのだろうか。この数値の悪さを事業部門の意識の低さや風土のせいにして、予算を獲得し、変革を進めることもできるだろう。でも、考えてみれば、その予算は皆が必死にコストを切り詰めて作り上げてきたものだ。

これは明らかに、何か大事なことが抜けている。

そして我々の部署は、あるいは会社は、働く皆の信頼を失ってしまったようだ。

現場の人たちは、会社の置かれている状況をよくわかっていないと思っていたが、自分たちは逆に現場のことを、一体どれだけわかっていただろうか。彼らから会社はどう見えているのか、それが全然わかっていなかったのではないか。

そう、わかっていないのは、たぶん私たちだったのだ。

離れた場所から問題を決めてかかり、本社から現場に様々な施策を実行させようとしてきたが、それは上辺の問題を見ていただけではないか。自発的に考えようとしないように見える現場の様子が示すものは何なのか。そこを探って、一つひとつ小さな取り組みを積み重ねなければならないのではないか。

事業部門の課題を捉え、それにどう取り組めばいいか、自分たちで考えられるように皆に働きかける。そのために必要な支援を考え、彼らに伴走しながら変革を手伝うことが求められているのかもしれない。そうやって徐々に、問題の構造を探りながら変えていかなければならないのではないか。

わからないことはまだたくさんある。だが、わからないことを見つけられるのならば、変革への一歩を踏み出せるかもしれない。

変革とは試行錯誤のプロセスである

経営層も気づき始める。

どうやら自分たちの会社は、新規事業の1つも作れないようだ。これほどまでの状況だとは思ってもみなかった。ミドル層に危機感がないから変わらないのだと、どこかでわかったつもりになっていた。時代も会社も大きく変わっているのに、自分たちはこうだったのにという思いだけが募り、結果的に、大切な問題から目をそらし続けてきたのかもしれない。

若手社員が奮起してくれれば変わるかもしれないという甘い期待を抱いていたが、もはやそんな次元の問題ではないのだ。社員の意識の問題として認識していたことは、おそらくその背後に潜む、何か捉えどころのない、うごめき続ける大きな問題の結果だったのだろう。

その大きな問題を乗り越えるために、初めの一歩を踏み出さなくてはならない。考えてみれば自分たち経営層だって、会社をどうしたいのか、どんな戦略が必要か、本当にわかっているのかと問われれば、心許ない者もいるのは明らかだ。しかも、自分だってその一員ではないか。表層の問題だけに取り組もうとするのではなく、その背後に起きていることを見据えて、地に足のついた未来への道筋を描くには、どうすればいいだろうか。

ここからは、自分たちが目指す方向に向けて、自分たちの力で一歩を踏み出さなくてはならない。

自分の仕事人生も終わりが近づいている。逃げきり世代だなどと揶揄されるのはごめんだ。そのことを私はこの先の人生で後悔し続けたくない。やれることをやる。一歩目を探す。創業者が70年前にそうしてきたように、私も使命を全うしたい。

私に何ができるだろうか。

こうして徐々に、様々な人々が少しずつ気づき、変わり始める。

その歩みはもどかしさすら感じる遅々としたものだ。だが、この試行錯誤の過程こそ、企業変革そのものである。

変革とは、自分たちの課題を考え、試行錯誤を繰り返していく過程である。そして、その試行錯誤を繰り返す中で、経営することを見失っていた企業が、自ら経営する力を取り戻していく。そのプロセスが変革なのである。

このような場面で、外部の支援者の協力を得て、適切な措置を講じればよいではないかという声もあるだろう。実際は、そうした考え方が変革を頓挫させてきたのである。どこかに正しい答えがあって、それを実行すれば変わるというほど、私たちが直面している問題は単純ではない。

残されたのは、個別性に満ちた捉えどころのない数多の問題である。それぞれの企業にそれぞれに異なる複雑な問題があり、そこに一律の答えはない。しかし、だからこそ、考え、実践し続けることが求められる。

既存の企業変革論と本書の違い――『V字回復の経営』と『企業変革力』

よく読まれている企業変革論に、三枝匡『V字回復の経営』[1]とジョン・コッター『企業変革力』[2]という2つの作品がある。

三枝の著作は、経営危機に陥った企業の再生を描いたベストセラーで、危機的な状況にある企業がV字回復をいかにして成し遂げるかを小説として描いたものだ。経営危機に直面しながらも責任を引き受けようとしない経営層、改革チームの血の滲むような努力、社内で生じる反発、それを突破して再生を成し遂げていく主人公たちの様子が生き生きと描かれ、その迫力に思わず引き込まれてしまう傑作である。

読み物としての面白さに加え、実際に何度も企業再生に携わってきた著者ならではの鋭い視点で描かれる変革の要諦に、この気概で企業変革を行うことが大切なのだと、熱い思いとともに読まれた方も少なくないだろう。

事業の環境適応力が著しく落ちた状況下で、問題を特定し、環境への適応不全の部分を削り、自社資源で適応可能な部分を残す。そして、そのための事業戦略を策定し、実行する。この本を読むと、まるで腕の良い外科医の手術を見ているような気分になる。

企業が再び環境に適応するには、問題を分析し、戦略を再構築していかなければならない。それには相当な知力・体力を必要とするが、同書に描かれるような状態の企業にとっては不可欠な変革への取り組みである。

しかし、繰り返し読むうちに、私はいくつかの点で小さな違和感を覚えるようになった。この本が前提とする状況と、本章の冒頭に述べたような、今、多くの企業が直面している問題状況との間に隔たりがあるように思えたのである。

その違いを一言で述べるならば、多くの企業は、喫緊の企業再生が必要なほど、業績は悪化していないということである。そのため、自分たちの会社の置かれている状況について、『V字回復の経営』で書かれているほど、明確な問題意識を持っていない。

『V字回復の経営』では、経営危機に陥った会社が題材として取り上げられる。すなわち、経営危機であるという認識は企業内に明確にあり、変革についてのコンセンサスも一定程度構築されている。そこでは事業再生の手法や進め方について異論が出たり、経営危機のレベルに関する状況認識に程度の差は見られたりするものの、変革しなければ経営破綻に至ることは避けられない。

人間の健康状態に置き換えて考えてみると、これは急性疾患のような状況であり、そこで求められるのは、手術をしなければ死を意味するような状況での必死の変革である。

一方、今日の日本では、必ずしも経営危機の企業だけが変革を必要としているわけではない。むしろ、足元の業績はさほどひどい状況にはない企業が多いだろう。経営危機に直面した企業ほど明確な問題認識が形成されてはいないが、緩やかに迫る死を感じながら変革をせねばならないという感覚である。

これは危機感が足りないからであろうか。いや、おそらくそれとは別次元の問題である。例えるならば、長年の生活習慣によって慢性疾患にかかり、徐々に健康を喪失していくような状態である。このような企業は、ただちに事業の選択と集中を必要とするわけではない。そのような状態でいきなり外科手術を行えば、かえって健康を損ねることになるだろう。

だがその一方で、経営危機ではないが変革を必要とする企業は、緩やかに、しかし確実に生じ

	既存の企業変革の視点	本書の企業変革の視点
変化の度合い	不確実で急速な変化	確実で緩慢な衰退
時間軸	短期	中期～長期
問題の明確度	ある程度高い～高い	低い～きわめて低い
実施者	経営者と特命担当者	各階層・機能全体

表1-1　既存の企業変革論と本書の視点の違い

る悪化の問題に対処しなければならない。この問題を放置すれば、いつか三枝も指摘するような経営危機に至るだろう。現段階で、環境と自社能力との適応度合いを見れば、事業存続が困難ではなくとも下がり続けている状態か、もしくは、一定の適応関係を構築できてはいるが、将来的に喪失することが確実に見通せる状態にある。

それは同時に、新たな事業や経営の方向性が構築されず、環境への適応可能性が確保できない状況でもある。長期的に見れば危機であるものの、すぐに大改革をしなければ事業継続が困難になるほどには、問題の中身が明確ではない。

緩やかな衰退局面にある企業が、経営危機に陥る前に、事業ポートフォリオや事業ドメインを変え、長期的な成長を叶えられるようにすること。そのために、自ら考えられず、実行できないという構造的無能化の状態から抜け出し、未来への適応力を身につけていくこと。これが、事業再生ではない、もう1つの企業変革の目指すところである。

そして、これはかなり複雑性の高い状況でもある。なぜなら、問題が明確ではなく、個々に現れる問題が複雑に絡み合っていて、何を変革すればよいか、一概には判断できないからである。もちろん、事業領域を拡大するには、トップが戦略を示したり、新規事業開発を進めたり、あるいは既存事業の改革で成し遂げられることがわかっている場合は、それを実行すればよいと考えるのはある程度正しいだろう。

しかし、なぜそれが進まないのかは明らかではなく、その原因も複雑に入り組んでいる。この複雑に入り組んだ問題を紐解きながら、試行錯誤を繰り返すこと。成果につながるかどうかもわからないこの試行錯誤の過程こそが企業変革であるというのが、本書で述べたいことである。

危機感は組織を変えない――コッターの「変革の8段階」を再考する

次に、組織変革とリーダーシップに関する著名な研究者であるジョン・P・コッターの企業変革モデルと、本書の視点の違いを見てみよう。

コッターは、大規模な変革を推進するためのステップとして、「企業変革の8段階」を示した。彼の変革論では、変革の第一段階に危機感の醸成を挙げ、スモールサクセスを積み重ねることで人々を変革に巻き込み、それによって組織変革を確実にするという一連のプロセスが明かされる。

企業変革をどう進めるかに関するコッターの議論は説得力があり、学ぶことは多い。

だが、やはりこの議論にも三枝の議論と同様の違和感が拭えない。なぜなら、危機感を醸成するために何をどう変えていくかという問題に対して、ある程度の見通しがついていることが暗黙の前提とされているからだ。

コッターの議論を理解する上では、彼の研究領域を理解しておく必要がある。

彼は長年、組織内の権力と影響力に関する研究を行い、組織内である人が別の人に従うのはなぜなのかという問題を考察してきた人物である。

彼の変革モデルがそうした問題意識に基づいていることからも、予め内容の決められた変革に対して企業内の影響力をいかに構築するかという点に主眼を置いていることがわかる。そう考えると、彼の「変革の8段階」モデルも、答えとなる施策や解決策は実行前からある程度定まっていて、それに対して実行者がどのように影響力を確保し、行使していくかを明らかにするものだと解釈できる。

つまり、ここでも現代企業が必要とする変革の実態との間に距離がある。コッターは何をどう変革していけばいいかがよくわからないという、今、多くの企業が直面している問題を扱っていないのだ。

経営危機ではない企業の変革を考える上では、コッターの言う「8段階」以前の問題に目を向けなければならない。しかし、その前段階にある課題を乗り越える前に、コッターの述べるような危機感の醸成から着手しようとすると、大きな問題が生じる。なぜなら、それによって、「組織が動かないのは危機感が足りないから」というように、組織の問題を個人の意識の問題として矮小化する現象が起きやすいからである。

実際は、何が問題なのか、どのような対処が必要なのかという問題に対し、変革の実行者自身もよくわからない状況にあるというのが、多くの企業が直面している現実であろう。だとすれば、コッターの議論は、そうした見えない問題をさらに見えなくさせ、動かない組織に対し、「危機を理解する改革派の私（我々）と、危機を理解しない守旧派の人々」という対立の構図を助長しかねない。

さらに現実は、それほど単純ではない。

むしろ、守旧派に見える人々も現状を変えなければならないという危機感を持っているが、動き出せない理由があることが多い。彼らだって、これまでの職業人生の中で、組織を変えようと情熱を燃やした時期が一度はあったであろう。しかし、そのために何をすればよいのかがわからなかったり、組織の壁に阻まれて進められなかった人も少なくないはずだ。

そうした人々が、「変革が進まないのは、あなたの危機感が足りないせいだ」と言われたらどうだろうか。おそらく、声を挙げようとする気持ちまで削がれ、会社を去ってしまうようなこともあるだろう。あるいはそこまで極端ではなくても、自分の職掌範囲を越えて物事を考えようとしなくなるかもしれない。そのような状況で、人事部門から「エンゲージメントスコアを改善せよ」などと言われても、逆効果であることは目に見えている。

つまり、コッターのモデル自体に問題があるというよりもむしろ、コッターのモデルが機能するためには、企業変革で行うべきことが明確にされていなければならないのである。その段階を経ることなく、問題解釈も実行内容も曖昧なままにこのプロセスを辿ろうとしても、企業内の分断が助長されるだけであろう。

コッターのモデルの問題点についても指摘しておきたい。彼の議論は、「影響を与える人と影響を受ける人」という構図を前提としており、影響を与える側は何かを考える人間であり、影響を受ける側は自発的に何も考えていない存在とみなす。

しかし、組織の中でそれぞれの役割を担う人々は、各々が会社の状況に対して何かしらの考えを持っているという当たり前のことを前提とすれば、どうだろうか。そうなると、危機感を醸成するという行為は、影響を与えたい人間が、何らかの考えを持っている人々に対し、「その考え方は間違っている」と指摘することを意味する。

つまり、よほどの対立状況に置かれていない限り、このモデルが成り立つことは難しい。そのような対立状況を構築してまで変革を進めなければならない企業は、やはり相当明確な問題を抱えていると言えるだろう。

コッターがこの議論を通じて実現したいことは、組織の様々な立場の人々が、変革に向けて動き出すことであろう。そうであるならば、対立が深まっていない状況においては、必ずしも危機感をトリガーとすることがよいとは限らない。

人々が危機感にあおられることなく、変革に向けて自発的に動き出せるようになるには、何が必要か。未来を作り、その道筋を人々が実感できるようなものにするには、どうすればいいか。本来彼の議論が目指していたのは、こうしたことであっただろう。

人々の間に企業変革への自発性が醸成されたとき、企業変革はかなりの部分で成し遂げられていると言える。なぜなら、その自発性によって各人が様々な課題を自らの課題として考え、必要な取り組みを組織内で実行するために、着実に内外の関係者とともに歩を進められるようになっているからである。

三枝とコッターが論じたのは、急激に状況が悪化した企業の変革という、いわば急性期の変革論であった。一方、今日私たちが直面している状況は、彼らの前提とするものとは大きく異なっている。

企業変革のジレンマと組織の問題の二重性

これまで見てきたように、本書で扱う企業変革は、より長期的な取り組みであり、組織の緩やかな衰退過程にどう挑むかという問題である。これは従来の事業再生や業績回復とは異なるものであり、むしろそのような状態に陥らないために、どうすればより早い段階で自ら考え、実行できる力を取り戻せるかというのが、本書で考察したいテーマである。

長期的な変革を実践していくことは難しい。

なぜなら、企業変革には数多のジレンマが存在するからだ。

変革の必要性を理解しつつも、組織である限り、現在の事業の予算達成など、短期的な目標達成が欠かせない。その上、様々な問題が短期的に現れる。そうした喫緊の問題への対処は、この章の冒頭で挙げたような、複雑な問題を紐解いていくことより、どうしても優先せざるを得ないだろう。

さらに、変革上の問題点がもう少し明確であれば手もつけやすいのだが、正体がよくわからないため、見通しを立てやすい仕事を優先することになる。

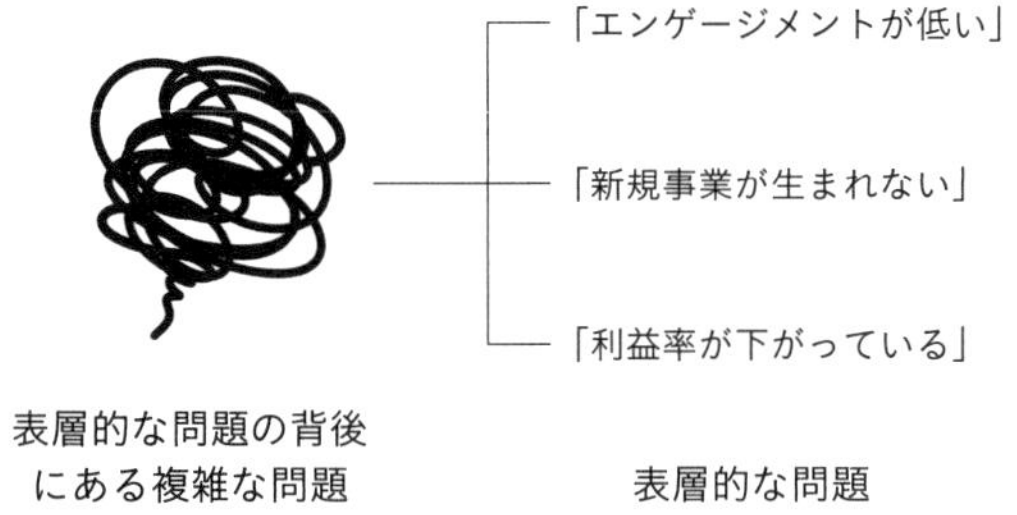

図1-1　組織の問題の二重性

このような場合、変革の中身が曖昧であるため、皆が変革に取り組んでも、それぞれがバラバラに努力するのみで、結果的に実を結ばないケースが多い。なぜなら、目先のことに追われて表層の問題への対処にとどまってしまうからである。

このように、企業変革の実践の場では、どこから手をつければいいのかがわからない問題を前にして、取り組むべき変革とは程遠いものになっている。まさに企業変革はジレンマの塊である。

このような状況でよく見られるのが、「問題解決の表層化」という現象である。

問題解決の表層化が起きるのは、「問題の二重性」が見えないからである。**図1－1**で示すように、表層的な問題の背後に複雑な問題があり、それが表層の問題を様々な形で生み出していることを、本書では「問題の二重性」と呼ぶ。この二重性を紐解けないことが、問題解決の表層化を生じさせている。

例えば、「新規事業が生まれない」という現象に対し、これを、個人の意欲やスキルの低下の問題であると捉え、事業開発のためのトレーニングプログラムを実行する企業は少なくない。だが、こうした取り組みは、一時的な学びにはなっても、職場に戻れば多くのことが活用されないまま、すぐに忘れ去られてしまう。

この「新規事業が生まれない」という問題は、長らく事業領域が変わらず、分業化が進み、仕事のルーティンが固定化されることによって生じる構造的な問題であるはずだ。

ところが、問題の表層だけを捉えてしまうと、背後にある複雑な問題は掘り下げられず、手をつけられることがないまま残り続ける。これによって、若年層の離職、収益率の低下など、様々な問題が次々と形を変えて生じる。だが、やはりこれに対しても離職対策やコスト削減などの対応にとどまってしまうというのが、この「問題解決の表層化」の典型例である。

表層的な問題の背後には、その組織が成熟していく過程で避けがたい構造的な問題が存在している。それを変えていくには、表層的な問題を生み出す原因となる、より複雑な問題を理解し、自分たちにできることを一つひとつ実践していくしかない。

組織の慢性疾患という考え方

では、この問題を、人間の慢性疾患に当てはめて捉え直してみるとどうだろうか。例えば、慢性疾患の1つであるがんについて考えてみたい。

がんの治療は、急性期から慢性期に移行する過程で、抗がん剤を用いた化学療法を行うことがある。この際、医師は腫瘍マーカーの数値をチェックして、抗がん剤が効いていることを確認する。効果が認められると、医師はこのまま治療を続行しようと患者に伝える。だが、辛い副作用に耐え、苦しんできた患者は、治療を続けたくても、続けることが難しいと訴えてくることがある。

ここで、医師が、自分は治療という観点で正しいことを行っているのに、患者が状況を正しく理解していないと捉えてしまうと、どうだろうか。おそらく、このまま治療を続行すべきだと、つい患者を説得したくなるだろう。しかし、患者の訴えは治療成果の背後にある、より複雑な問題から生じているものである。

治療を実行するためには、患者自身の生きている世界や彼らの感じている苦痛を、医師や看護師が理解し、医療的介入との接点を見出していくことが求められる。そしてこの接点をどう作っていくかが、慢性疾患における支援の決め手となる。

よりよい医療の実践においては、当事者である患者と医師や支援者との対話が重要となる。患者の生きる世界を理解し、専門的な知識に基づく介入を行い、患者自らが自分の問題への不安や困り事を紐解き、病気に適応していくプロセスを支え続けること。これが慢性疾患に必要な支援である。

企業の話に戻そう。

業績やサーベイの数値などは、確かに変革の必要性を告げている。ただし、それ自体に介入し、改善していくことはなかなか難しい。なぜなら、その数値が生み出されるプロセスは、個別性に満ちた複雑な世界であるからだ。

慢性的に繰り返される問題の背後で起きていることを、当事者の言葉やその他の現象を手がかりに、根気よく紐解いていくこと。そして必要な手立てを考え、解決を図っていくこと。その結果が思うようなものにならないこともあるだろう。そのときはまた探り、考え、実行するというプロセスを地道に重ねる。

表層の問題に気を取られて目先の解決策を講じるのではなく、その背後にある、より複雑で重要な問題に取り組もうとすること。これが、本書で示したい企業変革の基本的な考え方である。

章のまとめ

様々な企業で新規事業開発をはじめとする変革が進められている。だが、実際に多くの企業で変革の取り組みが思うように進まないのは、表層的な問題解決にとどまり、背後にある複雑な問題の全体像が認知されないからだ。

既存の企業変革論の多くは、明確な問題があることを前提とするため、今日の企業が抱える変革上の課題とは、前提状況が必ずしも一致していない。一方、今日、多くの企業が必要とする企業変革とは、徐々に悪化する慢性疾患的状況からの回復を目指すものである。

こうした変革は長期的なものであるため、短期的な問題解決との間で、常に様々なジレンマが付きまとう。このジレンマを乗り越えるには、目先の問題解決にとらわれず、その背後にある、より複雑で厄介な問題に、一つひとつ着手していく必要がある。

column

適応課題としての企業変革

ハーバード・ケネディ・スクールでリーダーシップ論を教え、多くの世界的リーダーに強い影響を与えているロナルド・ハイフェッツは、私たちが直面する問題を大きく2つに分類した。1つは「技術的問題（technical problem）」であり、もう1つは「適応課題（adaptive challenge）」である。

技術的問題とは、既存の解決策で技術的に解決できる問題のことである。例えば、業務用パソコンの処理速度が遅ければ買い換えればよいし、急性心筋梗塞であれば手術を受けなければならない。技術的に成功するかどうかについては、その難しさに応じた不確実性を伴うが（手術の成功率など）、技術的な解決策を講じる必要があることは変わらない。

一方、適応課題とは、技術的にできることがないという状況に適応しなければならない性質の問題である。

例えば、ハイフェッツの著作『リーダーシップとは何か！』には、ある末期がんの男性に、医師が「あなたに技術的にできることはない」と告げる場面が描かれている。[3]

ここでは、医師は患者と家族がその状況に適応することを支えなくてはならない。迫りくる死にとらわれてしまうことからいったん距離を置き、生きている間にできることに目を向けてもらう。例えば自分の死後、家族にどう生きていってほしいか、場合によっては、妻に新たな伴侶を得てほしいと告げることも必要になるかもしれない。

この視点で今日の企業が置かれている状況を捉え直してみると、私たちが直面しているのは、まさに適応課題そのものであることがわかる。

技術的にできることはある。

例えば、業務のデジタル化は、デジタルトランスフォーメーション（DX）の文脈で進められている。だが、実際にDXを進めようとすれば、既存事業部はビジネスモデルの転換を迫られ、大幅な配置転換や既存の販売チャネルの縮小、新たなスキル人材の確保や育成なども必要になるだろう。こうした状況に対し、年々事業環境が厳しくなる中で、現状はビジネスを維持できているのだから、本当に変える必要があるのかという声も生じてくるかもしれない。

だが、長期的視点に立てば、既存の事業を継続するだけではその先の衰退は明らかである。

つまりこの事業部門には、変わりゆく環境への適応という課題が生じているのである。その中で、今までの仕事のやり方や考え方を変えていくことが求められ、その状況への適応が求められるという課題が生じている。そして、DXの推進者に求められているのは、その適応過程を支援する「適応的リーダーシップ（adaptive leadership）」である。

本書は、こうした企業変革を支援する「適応的リーダーシップ」について論じているのだと言えるだろう。

1　三枝匡『決定版　V字回復の経営――2年で会社を変えられますか?』KADOKAWA、2023年

2　Kotter, J. P.(1996). *Leading Change*. Harvard Business School Press.（ジョン・P・コッター『企業変革力』梅津祐良訳、日経BP、2002年）

3　Heifetz, R.A.(1994). *Leadership Without Easy Answers*. Harvard University Press.（ロナルド・A・ハイフェッツ『リーダーシップとは何か!』幸田シャーミン訳、産能大学出版部、1996年）

第2章

企業変革に必要な4つのプロセス

「より良いものをつくりあげてこそ破壊にも意味がある。
いかに悪いものであっても、一掃するだけでは解決にならない」
（ピーター・F・ドラッカー『産業人の未来』）

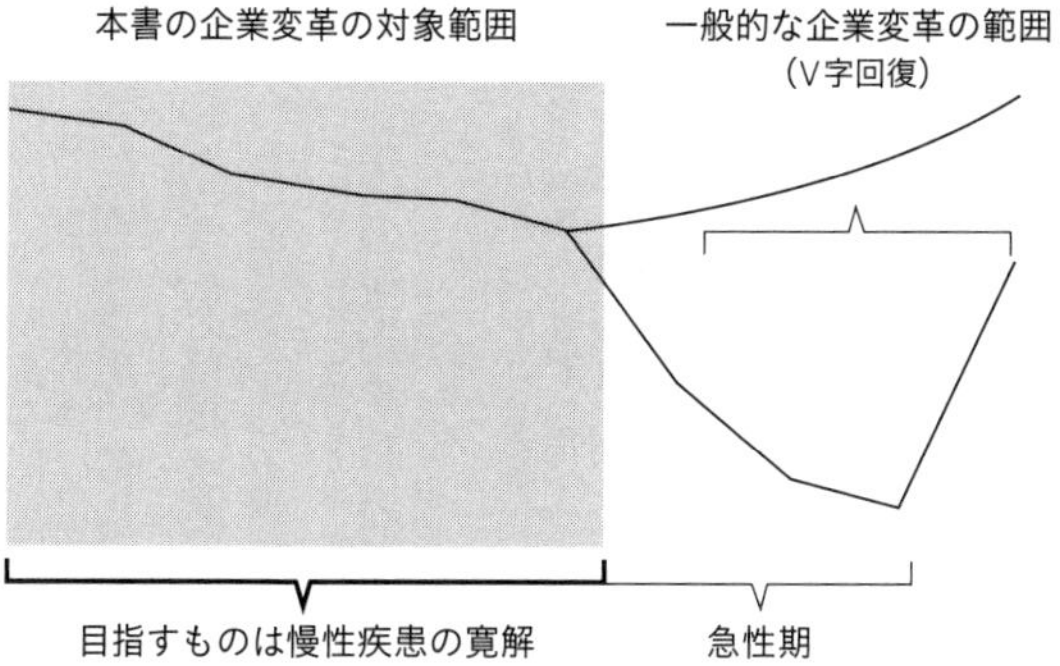

図2-1　本書の企業変革のイメージ（再掲）

本書で議論する企業変革とはどのようなものか、ここであらためて主な論点を整理しておきたい。本書では、「企業変革」を、企業の環境変化に対する適応力（組織能力）を構築していく長期的な取り組みと考える（図2－1）。

企業変革というと、前章で取り上げた2つの企業変革論が描くV字回復のように、経営危機に陥った企業の再生をイメージされるかもしれない。しかし、こうした短期間の変革は「企業再生」や「事業再生」と呼ばれるもので、本書の視点とは異なる。

V字回復のような変革論は、従来事業や自社のあり方を自己否定していく色彩が濃い。一方、本書で述べる企業変革とは、そうした状況に陥らないように、機能不全に陥っている様々な組織の機能や考える能力、実行能力を回復させていこうとするものである。

このような変革の取り組みは、1、2年で明確な成果が出ることはほぼないだろう。場合によっては10年以上にわたる地道な取り組みが必要になるかもしれない。そして、本書で述べる回復の過程は、このように常に継続されることにこそ意味がある。

繰り返すように、環境の変化を先取りし、組織内の叡智を結集し、未来に向けて価値を生み出していくことを目指す変革は、経営することそのものである。

企業変革の目指すものは何か

では、私たちが目指す長期的な変革に必要なことは何だろうか。

それは主に、次の４つのプロセスを円滑に実践できるようになることである。

① **全社戦略を考えられるようになる**：自社の将来的な方向性を示す全社戦略を構築する[1]

② **全社戦略へのコンセンサス形成**：全社戦略に基づき、各役員が自分の役割を理解する

③ **部門内での変革の推進**：各役員が考えた事業戦略を部門内で共有し、新規事業開発や様々な変革施策を展開する

④ **全社戦略・変革施策のアップデート**：各部門のミドルマネジャー以下のメンバーが、全社戦略

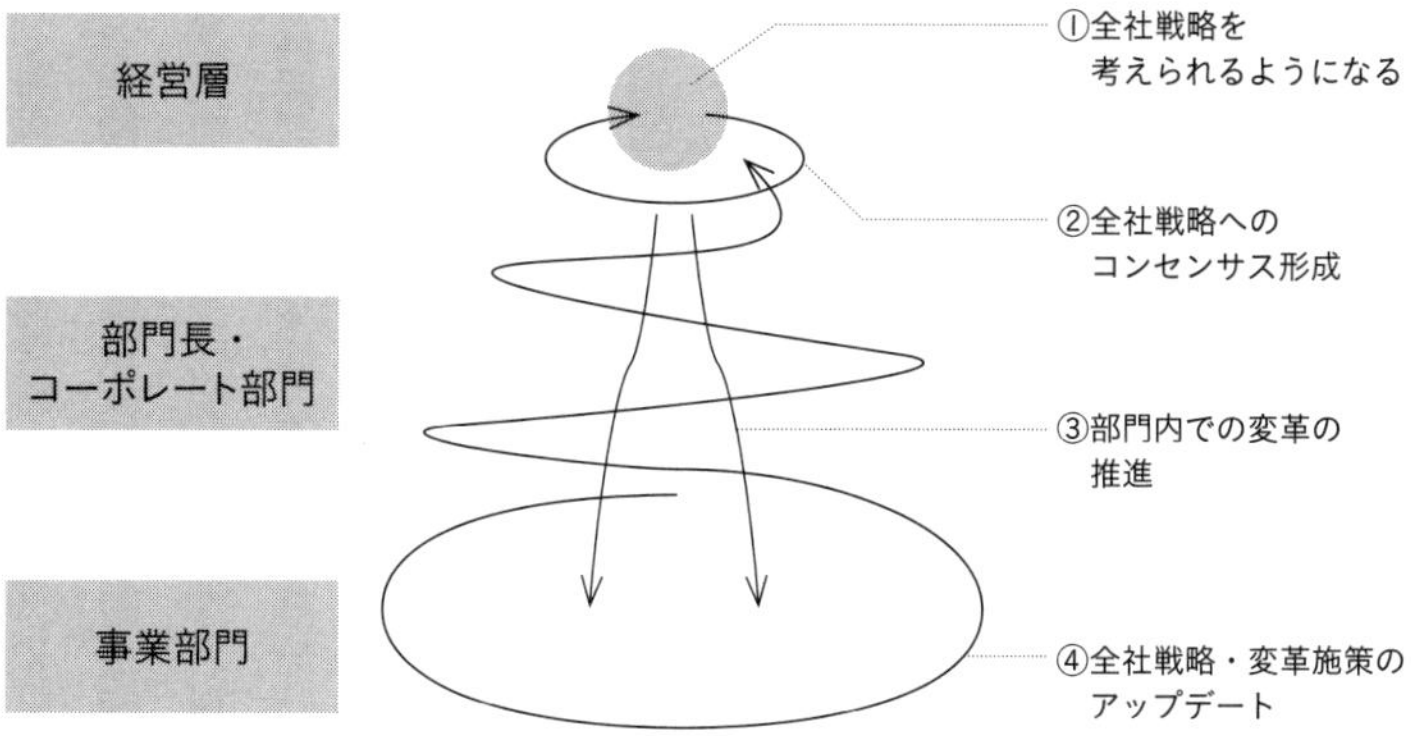

図2-2　企業変革の4つのプロセス

と事業戦略の関係を理解し、事業戦略推進上の課題から変革の方策を考え、それを戦略へと落とし込む

この4つのプロセスを図に示したのが、**図2－2**である。

企業変革のゴールとはこの一連のプロセスが回るようになることであり、企業変革とはその実践過程そのものである。ただし、必ずしもこの順番通りに進める必要はなく、各プロセスを往還する中で、組織全体に徐々に変化が生じていけばよい。

以下、4つのプロセスについて、個々に掘り下げてみよう。

① 全社戦略を考えられるようになる

全社戦略とは自社の将来的な成長の方向性であり、そのための道筋として、どのように人材や資金などの資源配分を行いながらそれを実現するかを全社的に明示したものである。これは企業活動の最も基本的な方針である。

「全社戦略を考えられるようになる」とは、戦略を考えるというよりむしろ、戦略を考えられる能力を会社全体で構築できるようになるという意味である。裏返せば、多くの企業では、全社戦略が明確に存在していないということを意味する。その背後には、考える能力の構築が不足してきた現状がある。この大きな壁を乗り越えることが、現代の企業変革においては重要なポイントになる。

全社戦略とは本来、企業の様々な事業や機能を統合するためのものだ。

組織とは基本的に、目的と手段の連鎖であり、組織の各機能や事業は目的を実行するための手段である。つまり、目的によって統合されるべきものであるが、全体の目的が曖昧であれば、各機能・事業は必然的に、目先の数値目標の達成など、自分の利害に直接関わる課題に注力するようになる。こうした状況は主に、統合がうまくなされていないことによって生じる。

それぞれの部署やメンバーがバラバラに変革に取り組んでしまい、十分な成果が生み出されないのも、全体的な統合がなされていないからである。利益指標や人事サーベイの数字ばかりを追いかけ、その背後にある複雑な問題について考えなくなるのも、全社戦略が曖昧であるからだ。

このように、全社戦略は変革の進捗に大きく作用するものである。逆に言えば、全社戦略を明確に描けるようになると、変革は大きく進むのである。

② 全社戦略へのコンセンサス形成

全社戦略構築後に必要なことは、各事業担当役員が自分たちの役割を正しく認識できるように、全社戦略に根差したコンセンサスを形成することである。

このプロセスを通じて、部門間で生じる利害の対立や視座の隔たり（部門間コンフリクト）を減らし、全社戦略を実行できる状態を創ることが求められる。また、各役員が全社的な経営の視点で自分の職務分掌を捉え直し、必要な変革上の施策に対して自発的に取り組めるようになることも不可欠である。

それによって組織内の連携が容易になり、例えば、より下位階層で「横串を通す」ような部門横断的なプロジェクトも行いやすくなるだけでなく、自社の経営資源を顧客価値に結びつけていくような活動も、自ずと生まれてくるだろう。

つまり、バラバラな状態にあったトップマネジメントが、視点を共有できるようになることで、メンバー層でも変革を進められるようになる。全社戦略が明確になり、コンセンサスが形成されると、各部門内の変革も進めやすくなるからだ。

③ 部門内での変革の推進

次に考えるべきは、各部門における全社戦略や変革の様々な施策の推進である。

ここで留意すべきは、全社的な戦略や施策が、各部門の現場で、「上から降ってきた」ものと受け止められてしまうことである。このような受け止めがなされているときは、多くの場合、変革の停滞の原因となる階層間コンフリクトが起きている。

戦略や変革の施策を実行する事業部門の各階層のメンバーが、変化を受け入れ、自ら変化を生み出せるようになるには、経営上の合理性という動機だけでは不十分であり、組織の多元的な合理性を認め、それを調整していくことが求められる。

各部門内での自発性が涵養されるには、受け止める側のメンバーにとっても、その戦略や施策が意味のあるものとして理解されていなければならない。そのためには、なぜそれを行うのかという変革の目的を明確にし、メンバーの言葉でそれを伝えていく必要がある。

④ 全社戦略・変革施策のアップデート

全社戦略に基づく変革の方向性が見えてくると、その方向性に従って自ずと様々な情報がボトムアップされ、具体的な施策がアップデートされるようになる。これが、この段階で行われるべきことである。

自発的に戦略や変革施策が実行されれば、そこから様々な事業展開の可能性や、自社が保有する技術や資源の活用方法など、多くのアイデアが生まれてくるはずである。

こうしたアイデアは、次の変革への重要なインプット（材料）になる。

したがって、全社的にアイデアを拾い集め、より大きな変革につなげられるように、それを新たな全社戦略や変革施策と撚り合わせることが必要になる。

この4つのプロセスは、どこからスタートしてもよい。

その際は経営層がイニシアティブを取ることが望ましいが、考える材料がなければそれを実現することは難しいため、考える材料が揃うように、下から働きかけることも大切だ。だが逆に、十分な材料を揃えるためには、経営層のイニシアティブも必要になる。

無用な焦りで変革の方向性を見誤ることがないように、各部門、各人が変革の全体像をイメージしつつ、少しずつ自らの役割を担い、齟齬が生じた場合は、その都度調整しながら着実に変革を進めるしかない。もし、このプロセスが短期間でスムーズに進むとしたら、それは逆に、大切なことが考えられていないからだとも言える。

こうした地道な変革の道筋を歩んでいくことで、ゆくゆくは万人が変革者としての役割を創造し、企業も新たな価値を生み出す力を回復していくのである。

数多のジレンマを乗り越える

本書では、この①から④のプロセスを通じ、企業は徐々に環境への適応力を回復していくと考える。

そして、実際にこの4つのプロセスを回していくには、数多のジレンマを乗り越えていかなければならない。どのようなジレンマが想定されうるか、各プロセスごとに考えてみよう。

「**① 全社戦略を考えられるようになる**」については、どうだろうか。

企業には、中期経営計画や長期的な経営ビジョンなど、様々な戦略がある。しかし、それらが本当に自社の全社戦略として長期的方向性を示せているかと問われれば、心許ない企業も多いだろう。なぜなら、変革が求められるにもかかわらず、資源配分の変更や傾斜的な配分を伴う戦略的意思決定を行う水準まで、全社戦略が明確にされていないからである。

これには理由がある。戦略を考える際には当然、事業ポートフォリオの再考が求められる。新規事業領域を考えたり、時には、撤退事業を決めなければならないこともあるだろう。しかし、既存事業の撤退や縮小を考えたとしても、それに代わる事業を創出できなければ、そうした意思決定を行うことも難しい。つまり、新たな会社の方向性を考えられないことによって、明確な戦略を構築できないという問題が生じるのである。

全社戦略を構築するためには、新たな事業領域への展開など、現在の事業領域外の環境変化も踏まえて考える必要がある。その実践には、既存事業への資源配分を減らしてでも、新たな取り組みにリソースを割く必要が生じることもある。だが、既存事業の戦略の慣性力に縛られて、明確な戦略を打ち出せないこともあるかもしれない。

つまり、自社を取り巻く環境をどのように認知・解釈し、未来の自社の方向性をどう描いていくかを考える際に大きな制約が生じているために、新たな戦略構築につながる行動に踏み込めないという問題が、そこには存在しているのである。

このような状況では、形式上、戦略は存在していても、その内実はかなり曖昧で、戦略と呼ぶには程遠い。そして、この状況を前にしたメンバー層は、「つまり現状維持ということなのだな」と受け止めるだろう。これは、日常的によくあることとはいえ、かなり深刻な問題である。

次に、「**② 全社戦略へのコンセンサス形成**」については、どうだろうか。

例えば、必要な戦略を実行しようとしても、役員などの上位階層間でコンセンサスが構築されていないことが原因で、戦略の実行に重大な支障が生じることがある。

これは、戦略について各関係者が議論を深め、重要な論点についてコンセンサスを構築することよりも、それぞれが担当する管掌範囲の成果達成が優先されてしまうために起きる問題である。それは何か大事なことが議論されていないのではないかという漠然とした違和感を持ちつつも、その内容を十分に考えられないことで生じるものでもある。

例えば、第1章で紹介したA社では、事業ポートフォリオを広げるために、新規事業を展開することが決まった。そこで、社外から担当役員を登用したのだが、各既存事業部門の担当役員は「新規事業開発は、新規事業担当役員の○○さんの仕事だ」と認識している。こうした状況では、自社の強みを生かした事業を展開することはできない。

既存事業の経営資源を活用することで、新規事業開発のアドバンテージを築ける場合は少なくない。だが、既存事業はそのためにリソースを割かなければならなくなり、それまで対岸の火事であった新規事業が、自部門に直接関わる問題になる。そのときに新たなコンフリクトが生じる。

このプロセスでは、事業管掌役員の立場を超えて、全社戦略という観点、もっと言えば、その戦略の先にある社会や顧客にとって何が望ましいかという視点で、それぞれの管掌部門で何ができるかを考える必要がある。

さらに、「③ **部門内での変革の推進**」はどうだろうか。

ここにもやはり、既存事業の慣性力が強く働く。確かに、新しい戦略に基づいて変革したほうがよいという考え方もある。だが、組織では、短期的に求められる成果と、長期的な変革の必要性は常に対立する。このジレンマを乗り越えるには、両者の目指すところが矛盾しない筋道を構築していくしかない。

例えば、実際に変革的な取り組みを行ったことがないので、いまひとつ変革の必要性が理解できず、自分たちにとって何の意味があるのかがよくわからないということもある。

現状に対する違和感はあるし、人によって程度の差はあれど、会社への愛着も多少はある。だが、この違和感と、変革内容との間につながりが見出せなければ、結局、既存事業の仕事を軸に、「上から降ってきた」ことをこなすだけだ。そうなれば結局、長期的な変革の取り組みは後回しになる。

したがって、この段階では主にメンバーの自発性を涵養しつつ、新たな戦略に沿った変革施策を各部門で展開するには何が必要かを考えるとよいだろう。

同時に、メンバーの自発性は、単に個人の意志の力だけで生まれるものではないことにも留意してほしい。多くの場合、現場の自発性の不在は、経営層が打ち出す戦略の明確性の低さや、その戦略の中で個々のメンバーが自分の位置づけを見出せないという問題によって生じる。それを個人の問題にすり替えてはならない。

このフェーズでは適切な戦略構築ができるかどうかが問われるが、その適切性については、実行してみなければわからないこともあるだろう。このため、推進者側は必要な情報を得て、そのプロセスを対話的に進めなければならない。


最後に、「**④ 全社戦略・変革施策のアップデート**」については、どうだろうか。

全社戦略を構築し、各部門での変革が推進されると、次第に変革を滞らせているボトルネックが浮かび上がってくる。このボトルネックは、単に変革上の障害というよりも、むしろ、全社戦略や変革施策のアップデートのための貴重な情報源である。

例えば社内の異なる部門で、同じような新規事業開発が同時に進められている場合がある。これは、必ずしも悪いことではなく、それぞれの部門が創意工夫を行った結果でもある。だが、その内容が重複していることで、それぞれの取り組みの視野や規模が限定されてしまう。それでは、大きなインパクトを生み出すことは難しい。

偏在する情報や取り組みを集約して、戦略構築につなげる必要があるが、これを事業部門だけで実施することは現実的ではない。このため、この④の段階では、経営企画や人事部門などのコーポレート部門が重要な役割を担う。

既存事業とは異なる領域で新規事業開発を行う場合、実際に上市しようとする段階で社内の品質基準をクリアできなかったり、速やかに契約を進めたくても大幅な時間のロスが生じたりすることがある。これは既存の社内基準が足かせとなって活動が制約されるからであり、既存事業に最適化されたルーティンで動くコーポレート部門に生じやすい問題である。

これらのジレンマを乗り越えながら、次の全社戦略や、変革施策のアップデートのための補給線を構築していくことがこの段階では重要になる。


このように、企業変革を進める上では、数多のジレンマを乗り越えていかなければならない。もっと言うならば、ジレンマを乗り越え続けること、あるいは、ジレンマの存在を知ることこそが、変革であると言えるだろう。

また、実際にはこれらのジレンマの存在自体が認知されなかったり、認知されても乗り越えられないことがある。その結果、各種の戦略を考えられず、実行もできず、実行できないために新たな方向性も見えてこず、ますます考えられない組織になるという、構造的な悪循環に陥りやすい。

企業変革とは、こうした悪循環を断ち切り、戦略を考えられる組織になること、部門間の対立を融和させ、全体性のある組織になること、押しつけではなく、自発的に行動できる組織に生まれ変わっていくことである。つまり、機能不全に陥っていた組織が、組織として機能する力を回復することが変革なのである。

章のまとめ

今日の企業変革では、V字回復とは異なる、組織の慢性疾患的な状況への対応が求められている。そこでは、次の4つのプロセスが実現できるようになることが望ましい。

① 全社戦略を考えられるようになる
② 全社戦略へのコンセンサス形成
③ 部門内での変革の推進
④ 全社戦略・変革施策のアップデート

これらは変革の成果であると同時に、変革のプロセスでもある。

そしてこのプロセスを進めるには、数多の複雑なジレンマを乗り越えなければならない。企業の様々なジレンマの存在を認知するところから、変革は始まる。

1　学説史の観点から見ると、経営戦略とは、外部環境のもたらす不確実性に対し、自分たちの事業やその方向性についてどのように意思決定を行うのかを示すものである。既存事業のポートフォリオを新規の製品・サービスへと広げていくことは、不確実性が高い。このため、どのように自社の環境を捉え、事業領域や事業内容を構築できるようになるかが問われることになる。

第3章

構造的無能化はなぜ起きるのか
——組織の機能不全のメカニズムを読み解く

「してみるともろもろの学説なるものは、
そこにわれわれが安息することのできる謎の解答なのではなくて、
謎を解くための道具であるということになる」
（ウィリアム・ジェイムズ「プラグマティズムの意味」『プラグマティズム』）

無能化した組織——地下鉄火災事故の教え

ロンドンを走る地下鉄のキングスクロス駅で、かつて大火災があった。

1987年11月18日の午後7時すぎ、駅構内のエスカレーター付近でティッシュペーパーが燃えているのを乗客に告げられた乗車券販売担当の駅員が、その火を消した。

しかし、彼はその火がどこで発生したのかまでは考えなかった。自分は乗車券の販売係であり、それ以上は他の部署の業務を侵害してしまうと考えたからである。

実はその火は木製のエスカレーターの下から発生したもので、程なくそこから再び煙が立ち上った。煙に気づいた利用客に教えられた駅員からの連絡を受け、保安係が現場に向かった。だが、現地で直接確認するまで、消防には通報しなかった。自分で煙を見たわけではないし、消防に通報するのは、本当に必要な場合だけという暗黙のルールがあったからだ。

結局、駅にいた警察官が消防へと通報したときは、すでに火災の発生から22分が経過していた。炎は大きく燃え上がり、多くの人々をのみ込もうとしていた。

ホームに列車が到着すると、ふいごの要領で新鮮な空気が駅構内に送られる。すると火は大きな炎のかたまりになって人々を襲う。高温で大やけどを負った人、ホームから逃げようとする人、電車に乗り込めなかった人などで、構内は大混乱していた。

消防隊が現場に到着したのは最初の火の発見から30分後のことであった。しかし消防隊は、駅から逃げてくる人波に阻まれて、なかなか火元にたどり着けない。しかも、自分たちが設置したはずの道路の消火栓を探すのに時間がかかった。

駅構内にも消火栓は設置されていたが、使われることはなかった。構内の消火栓ではなく、道路に設置した消火栓を使うという規則があったためである。これは過去の消火活動の失敗をもとに設けられた規則であったが、そうして時間を費やすうちに火は様々な可燃物をのみ込み、爆発が発生し、人々が炎に包まれていった。

この火災で、31名が亡くなり、100名が負傷した。

後に、駅にはスプリンクラーが設置されていたが、火災時に使われることはなかったことも判明した。なぜなら駅員の多くが、スプリンクラーの使い方を知らなかったからだ。

駅員がスプリンクラーの使い方を知らないことについては、過去に消防が指摘し、外部の専門家による報告書も存在していた。だが、その指摘は別の部署に届いており、その部署が組織全体に指摘内容を共有する方法を持たなかったため、彼ら以外、誰も問題を知ることはなかったのである。

チャールズ・デュヒッグの『習慣の力』で紹介されるこのエピソードは、無能化した組織がいかに悲劇的な問題を生み出すかをわかりやすく伝えるものである。[1]

重要な点は、一人ひとりは与えられた職務を正しく行っているだけで、おそらく無能でも不誠実でもなかったということだ。だが、それぞれが目の前の状況を表層的に捉え、何が重要であるのかを深く考えようとしなかったことで、大惨事が起きた。

最初にエスカレーターの火を消した職員を考えてみれば、火が燃えているという現象の背後にある、火種はどこかという問題を考えようとしなかった。保安係も、自分の目で確かめられなければ通報しないというルールを守ることを優先し、なぜそのルールを守らなければいけないのかを考え、行動することができなかった。消防隊も同じである。

また、現場の人間がスプリンクラーの使用方法を知らないことを指摘されていた部署も、指摘を受けたという現象の認識にとどまり、それが何をもたらすのか、さらには、なぜ自分たちの組織が指摘を受けてしまったのかという問題に踏み込めなかった。

各々が目の前の現象の背後にある問題に手をつけられていれば、この事故は防げたかもしれない。少なくとも、もっと被害は小さかっただろう。問題に踏み込めない理由として、デュヒッグは、組織の暗黙のルーティンの存在を指摘する。

例えば、消防への通報が遅れたのも、「自分たちで対処できない場合にのみ通報する」という暗黙の合意がなされていたことが原因であった。消防隊も過去の経験から構築されたルーティンに従って道路上の消火栓を探し回り、消火に時間がかかってしまった。

尚、このルーティンという言葉には様々な意味がある。仕事の進め方、手順などの意味で使われることが多いが、ここで彼が指しているのは、組織内の役割分担・分業体制なども含むものだ。経営学研究において、組織の実質は一般的に、このルーティンであると考えられてきた。ルーティン＝組織であるとも言える。そして、このルーティンがそれぞれ強固に構築されていたことが、この事故をもたらしたのである。

つまり、この地下鉄火災事故は、関係者一人ひとりが無能だったというよりもむしろ、組織が無能だったことで起きたものである。人々が無能になってしまったのはその結果であって、原因ではない。そこにいた人々が、背後にあるより複雑な問題に気づき、考え、行動することができていれば、ここまで深刻な結末を迎えていなかっただろう。

機会を逃す組織――B社の事例から

この「無能化する組織の問題」を、今度は新規事業開発に取り組むB社の事例をもとに、具体的に考えてみよう。

新規事業のアイデアが出てきても、それに適切なフィードバックをしたり、支援したりすることができなければ、事業を成長させることはできない。こうした状況は一見、個々人の能力の問題であるかのように見えるが、実は往々にして、組織の構造的な問題である。

B社は、B to B市場で信頼性の高い自社開発製品を提供する大手企業で、確固たる製品開発力によって、市場での地位を着実に築いてきた。50年ほど前までは市場規模もそれほど大きくなかったが、同社の開発した製品によって市場そのものが拡大し、この20年は安定的な顧客基盤を築いてきた。

しかし、そうした安定的な顧客基盤を確立する一方で、この20年間、事業領域は広がらなかった。足元の売上高は伸びており、業績は堅調であるが、決してイノベーティブな企業とは呼べない状況にある。近年はアクティビストが株主に加わり、もっと利益を上げよとプレッシャーをかけてくるようになった。そうした動きも影響し、新規事業開発は行っているものの、あまり大きな事業を生み出せず、主力事業は50年前からほとんど変わっていない。

最近は、人事部が行う従業員のエンゲージメント・サーベイの数値も伸び悩み、20年前では考えられなかったような若手社員の離職が目につくようになった。この会社で型通りの仕事をしていても成長の機会が得られないと、見切りをつけられているのだろう。

このままではこの会社には未来がない。焦りを覚えた経営層は新規事業開発にもっと力を入れよ、エンゲージメントの数字を改善せよ、などの様々なメッセージを事業部長たちに投げかけている。

営業担当者Nの視点

同社の主力事業部で働く営業担当のNは、あるときふと目にした社会課題に対し、自社製品の技術を応用すれば、旧来のモノ売りビジネスとは異なる新たなサービスを生み出せるのではないかと着想した。

過去にもこうしたサービスを開発しようという動きは、社内の別の部署であったらしい。だが、噂によると、途中まで事業開発が進んだものの、必要な人員の配置やそれなりの金額の投資を求める声に経営側が応じず、結局、その事業は頓挫したのだという。当時を知る古株の社員は、「会社は後ろから撃ってくるから気をつけろよ」とNに耳打ちしてきた。

だが、今回は社長自身が率先して全社的なメッセージを出し、本気で取り組もうと呼びかけている。そこでNは思いきって企画をまとめ、事業部長に1on1で話す時間を設けてもらった。自分の提案は事業の幅を広げる可能性があると思ったし、社の承認を得て開発を進めたいと考えたからである。

ところが、事業部長の反応は想定外の、提案内容に賛成とも反対ともつかない曖昧なものだった。事業部長は、そのアイデアがよいものなのかそうでないのかが、よくわからなかったのだ。そこで「そのサービスを展開して、結局、今のうちの製品がいくつ売れるようになるんだ？　他社との差別化にどうつながるのか？」と、Nに問いかけた。

Nは、新しい市場展開を目指していたので、その返答にがっかりした。そして、「自分の提案は、所詮現在の製品の付加価値を少し高める程度のことなのか」と思ったが、うまく言葉にできず、漠然とした違和感だけが残った。

しかし、社内でそうした思いを相談できる相手はいない。きっと話をしても「梯子を外されないように気をつけろよ」などと言われるだけだ。結局、自分の仕事は現状の製品をいかに確実にお客さんに届けるかということなのかな、とNは思った。そしてこの先もこの会社で働き続けて、一体何の能力が身につくのだろうか、とも思った。

事業部長から期待していた反応が得られず、人もお金もあてがわれなかったNは、仕方なくその事業アイデアを自分なりに形にしようとしてみた。

だが、どうにも手元の仕事が忙しく、新規事業開発は遅々として進まない。

そこで今度は、本社の新規事業開発部門に相談してみることにした。彼らは事業案の将来性を買ってくれ、その支援についても乗り気だった。だが、全面的に支援するには、そのプロジェクトの専任となって、事業部長から新規事業開発部門での事業開発の許可を得たほうがいいのではないか、という指摘も受けた。

確かにそのとおりだとNは思った。そこで事業部長ともう一度話してみたのだが、なかなかOKが得られない。かといって、明確に反対というわけでもない。そのどっちつかずの態度は、以前の1on1のときと変わらなかった。結局、反対ということなのかな、とNは思った。

Nとしてもこの事業に専任で取り組むことには少しためらいがあった。確かにこの新しい事業開発にチャレンジしたい気持ちはある。だが、そうなったときに、自分のキャリアはどうなるのかという不安もあったからだ。自分はまた元の場所に戻ってこられるのだろうか。戻ってこられないとしたら、事業が失敗したときにやらないほうがよかったということにならないだろうか。もちろん、やるからには成功させたい。だが……という葛藤の中にNはいた。

悩んだ末にNは事業部に残り、これまでの仕事と並行して、限られた時間の中で細々と開発をせざるを得なかった。言うなれば、ほぼボランティア活動のような形で独自に開発を続け、結局そのサービスが日の目を見ることはなかった。

もし、このサービスを新しい戦略とともに新規事業として実現できていたら、B社の事業のあり方も変わり、利益率の向上に寄与できていたかもしれない。あるいは、新しい事業領域への展開を通じ、新しいデータ活用技術や知識の蓄積が進み、将来的にさらなる事業開発の可能性もあったかもしれない。

だが、結果的にそれを実現することはできなかった。だから、利益率も事業ポートフォリオも、そして事業発展の可能性も、変わらないままだ。いつかここに他の業界からイノベーティブな企業が参入し、全く新しいビジネスモデルでも築かれてしまえば、わが社の将来は危うくなる。そうなれば利益率どころの話ではない。

どうしていつもこうなってしまうのだろう。

Nは最近、自分がこの会社の仕事を面白いと思えなくなっていることにも気づき始めていた。

B社で起きていることは何か

ここで、B社で起きたことについて、振り返ってみよう。

登場人物をまとめると、新規事業アイデアを考えたN、それに対して適切なフィードバックができない事業部長、うまく支援することができない新規事業開発部門、メンバーの意識の問題だという思いからどうしても抜け出せない経営者、といったところであろう。

この状況を、表層の問題の背後にあるより重要な問題という「問題の二重性」の観点で捉え直してみると、それぞれに、どのような課題があるだろうか。

まず、事業部長について考えてみよう。

彼は新しい事業アイデアも既存事業の価値基準で判断してしまっているので、その新たな可能性をイメージすることができない。顧客や市場に対する理解が、従来の事業運営の常識によって形成されているため、アイデアの背後に想定される、新たな顧客や市場という観点で現状を捉えることができずにいる。

いかなる事業も、顧客に何らかの価値をもたらすものであるとするならば、新しい事業アイデアの良し悪しはこれまでの顧客にとっての価値ではなく、その事業アイデアがどのような顧客にどういう価値を提供するのかという観点で考えなければならない。だが、それができなくなっている。

なぜなら、顧客が一体何に価値を感じて自社製品を買っているのか、その理由を考えなくても一定の成果が生まれる組織の状態になっているためである。

これはよいことでもあるが、既存の思考のルーティンや評価基準から外れるものが認識されにくくなるという、諸刃の剣的な状況でもある。

当然、Nにも同様の問題が生じている。

従来の仕事と並行しながら新しいアイデアを考え出すのは素晴らしいことで、本人が与えられた仕事の範囲を超えて自発的にインプットを行った成果だと言える。だがやはり、日頃から新しいアイデアが飛び交い、議論が深まるような職場と、定型化された業務をこなすだけの職場では、考えられるアイデアの深さや新規性に、大きな落差があるだろう。

事業部長の硬直した思考を前にしてNにできることは、事業課題をもう一段階深く掘り下げ、自分のアイデアをその課題に寄与するものとして位置づけ直すことだったのかもしれない。だが、下からの働きかけの苦労がない職場であればできることも、事業の安定性とのトレードオフによって組織に硬直性が生まれ、難しい場合もある。

一歩ずつ、しかし着実に状況を変えていくために、事業部長の反応の背後にある事業課題をもう少し掘り下げられたならば、多少は違う展開になっていたかもしれない。これをNの意志の弱さの問題にしてはならないのは、言うまでもないことだ。

同様の構図が経営者にも当てはまる。

経営者は、エンゲージメント・サーベイの結果や事業ポートフォリオの状況から、自社が変革をしなければならないという認識を持っている。だが、問題がどういうメカニズムで発生してきたのか、何をどう変えていく必要があるのかといった点については、明確に考えをまとめきれておらず、それが、エンゲージメント数値の改善を求めたり、新規事業開発部門の設置を呼びかけたりすることにとどまっている様子にも表れている。

つまり、表層の問題への理解のみにとどまり、より重要な問題が認識されていない結果、現場ではアイデアが生まれては潰えていくことが繰り返され、箱物を作っても機能せずに変革が進まないという悪循環が起きている。

思ったように変革が進まないという問題に踏み込むには、コーポレート部門の各機能や新規事業開発部門とも連携し、新規事業が生み出せないという問題が発生するメカニズムを検証する必要がある。こうした課題は、事業ポートフォリオの変革施策を考える際に、貴重な材料にもなるだろう。

一方、経営層の本来の任務は、組織の部門・部署間で発生するコンフリクトを解消することにあるはずだが、この段階ではそうしたコンフリクトが十分に認識されていない。

コンフリクト解消のために経営層にできることは、自社の経営課題や事業課題を踏まえ、必要な戦略を構築することである。それと同時に、役員を含む経営上層部や部門長の間でコンセンサスが形成されるように働きかけ、全社戦略の中で、ミドル層が事業アイデアや新規事業への取り組みをしっかり理解できるように、制度や場の設定を含めて提案することである。つまり、自社の方向性を決め、調整をするための大きな枠組みとコンセンサスを、経営層が中心となって構築するということだ。

一方、新規事業開発部門には、新規事業開発の取り組みを着実に進め、実践上の課題を経営層と共有し、大方針や戦略構築の支援をすることが求められる。自分たちの仕事は新規事業を作ることであるという表層の理解にとどまってしまえば、望ましい結果も生み出せず、重要な課題を見過ごすことにもなりかねない。

様々な問題は、その背後に起きている重要な変革上の課題を伝えるきっかけとして捉え、そこから全社的な戦略を探ることが必要であろう。

構造的無能化のメカニズム

ではなぜ、組織は事業を確立すると、構造的に無能化してしまうのだろうか。この問題について、少し理論的に考えてみたい。

この章で紹介した地下鉄火災事故やB社のエピソードは、一見、従業員の意識の低さや意志の弱さの問題のように見えてしまう。だがそうした解釈は問題の表層を見ているに過ぎない。個々の能力不足は構造的にもたらされたものである。

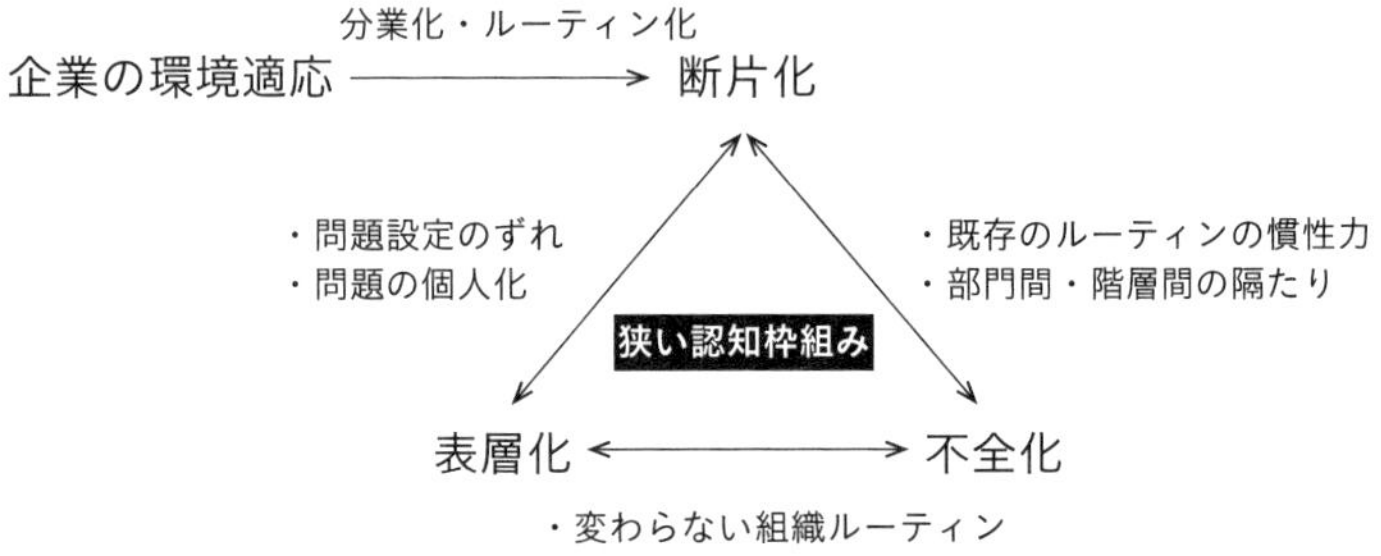

図3-1　企業の環境適応と無能化のメカニズム

では、組織能力の低下や組織の無能化という現象は、なぜ、またどのように生じるのだろうか。

この問題を図式化したのが図3－1である。

組織は一度環境適応を果たすと、その効率的実行のために、分業化と仕事のルーティン化を進める。

例えば、今では超大手の一部の日本企業も、1970年代や80年代には新たな顧客を創造するイノベーティブな企業であった。当時は、企業規模も今ほど大きくはなく、「ワイガヤ」などと呼ばれる部門横断的な事業開発や、非公式なアイデア交換などが日常的に行われていたことはよく知られている。

しかしその結果、環境適応を果たし、事業基盤を確立するに至ると、より確実かつ効率的に成果を生み出すために、分業化とルーティン化が進む。これ自体は、組織の環境適応を進め、収益に貢献するという点で意義は大きい。

だが、その環境適応の副産物として、組織内の各部門では、全体像が見えない中で割り振られた仕事をこなすだけというような組織の「断片化」が進み始める。

この組織の断片化が進むと、環境に対する認知の幅は狭小化する。その結果、現在の事業枠組みの外で起きる環境変化をうまく捉えられなくなり、あるいは何か新しい変化の兆しを捉えても、そこから新たな事業を構築したり実行したりすることが難しくなる。これを本書では、問題の「不全化」と呼ぶ。

この不全化が進めば、変革的な取り組みをすることが難しくなる。その結果、事業の枠組みも変わらず、認知の枠組みも狭いままで、組織のルーティンも変わらないという悪循環に陥る。

さらにそのような中で、離職の増加や収益性の低下など、一見無関係であるように見える問題が、次々と発生する。それらは突き詰めれば、組織が変わらないことによって生じる問題であるが、断片化が進んでいるために、問題を全体的に捉えることができない。そして、それぞれの部門が狭い認知の枠組みの中で、表層的な問題解決を図ることにとどまる。これを本書では、問題解決の「表層化」と呼ぶ。

組織の「断片化」が進むことで問題が見えにくくなり、変化の兆しも見出せず、組織の考える能力が著しく落ちていく。その結果、新たな戦略や施策を実行することもできないという「不全化」に至り、それを紐解くことができない「表層化」によって、悪循環が生まれる。これが構造的無能化のメカニズムである。

以下では、この問題について、主に経営学の理論的な観点に基づき、実際にどのような議論がなされているのかを、詳しく見ていきたい。

本論を急ぎたい方は、以下は飛ばして読んでいただいて構わない。

組織能力とは何か

構造的無能化とは、組織能力が構造的に低下することを意味している。

では、そもそも組織能力とは何だろうか。

組織能力とは、環境の変化を捉え、その変化に則した戦略を考え、事業に適した組織を構築・実行するという、一連の環境変化への適応力のことである。経営学研究においては、経営戦略論の黎明期であった1950年代後半から60年代に、組織社会学者のフィリップ・セルズニックや経営史研究者のアルフレッド・D・チャンドラーが示した伝統的な概念である。

この問題について、さらに掘り下げてみよう。

ジャーナリストで、人類学的な視点から企業組織を分析するジリアン・テットは、著書『サイロ・エフェクト』で、組織のサイロ化がもたらす環境適応力の低下について、数々の事例をもとに詳細に描いている。[2]

同書ではソニー（現ソニーグループ）のウォークマンの開発を巡る次のようなエピソードが紹介されている。

ソニーは2000年代初頭に、iPodに対抗するデジタルプレーヤーとして、新たなウォークマンの開発を行っていた。製品発表会で出井伸之CEOから発表されたのは、3つのウォークマンだった。3つの部門がそれぞれにデジタルプレーヤーを開発していたからである。そして、これらの製品はやがてiPodに駆逐されてしまう。

本来であれば、自社内の競合を避け、新たな市場動向を探り、明確な戦略のもとで製品開発を行う必要があったはずである。だが、残念ながらそうはならなかった。その背景には、分業体制下での製品開発により、旧来の事業戦略の慣性力が生じ、自社の事業開発能力を高められなかった、デジタル化という外部環境の変化をいち早く取り込むことができず、戦略的な視点に欠けていた、などの問題があったと考えられる。

テットが指摘するような「サイロ化現象」の発生メカニズムについては、古典的な組織論研究の中でも既に示唆されている。その代表例が、チャンドラーの研究の後に、ポール・ローレンスとジェイ・ローシュが著した『組織の条件適応理論』である。[3] ローレンスとローシュは、環境変化に適応するために組織は分化していくが、分化した組織は統合されなければ機能しない、と述べている。

ここで言う「分化」とは、単に分業を進めるということだけを意味しない。仕事に対する考え方、基本的な価値基準も含めて分かれていくということであり、先に示したルーティン化の意味も含まれている。

ローレンスとローシュが考える組織の価値基準の決め手とは、組織構造の公式性、対人志向、時間志向、目標志向の4要素であった。例えば、製造業のある企業を想定した場合、研究開発部門と新規事業開発部門と営業部門、あるいは異なる事業部門間で比べてみれば、これら4つの価値基準が、それぞれ全く異なることがわかるだろう。

組織の断片化と不全化

だが、この統合を実際に行うのは難しく、統合が不十分であると不全化が生じる。

先に挙げたB社の例では、新規事業のアイデアと既存事業の価値基準は全く異なっている。そして、そのことが営業担当のNも事業部長も互いによくわかっていないため、議論が噛み合わなくなっているのだ。

B社にとって、こうした問題は当然想定されうるものであるため、事業環境の変化に則して新規事業開発部門を設立している。だが、新規事業開発部門と事業部門との間の価値基準の違いがうまく統合されずに、新規事業開発が進まないという問題が生じている。

つまり、組織はそれぞれの現場が必要な環境適応をすることで分化が進むが、異なる価値基準に基づく個々の論点が調整され、統合されなければ、物事は進まないのである。

B社には、このような統合がなされないことによって生じる断片化の問題に加え、新規事業開発が進まないことが個人の意思の問題にすり替えられるという表層化の問題も起きていた。

仮に個人の能力が低いとしても、それは構造的無能化の帰結に過ぎず、原因ではない。これは、全体像を掘り下げず、表層的な問題にのみ対処することで生じるものである。

このような状態を組織図の割り振りを変えること（例えば、事業部制をカンパニー制にするなど）で対処するケースもある。[4]だが、そうした取り組みが機能する上でも、変革現場でいかなる問題が生じているのかをよく理解しておかなければならない。

B社の事例では、よりミクロな問題として、事業部長の新規アイデアへの理解度の低さや、新規事業開発に携わる人材のキャリア制度が未整備であることなどを指摘できるだろう。

しかしだからといって、ただ単に事業部長のトレーニングをしたり、新たなキャリア制度を整備したりすればよいということではない。確かに、それらも一定の効果はあるが、そもそも、なぜ組織能力が低かったり、制度が未整備なまま放置されていたりするのかという問題にこそ、目を向けるべきだろう。つまり、「問題が問題として認知されない」という問題があるのである。

このような状況の背後にあるのは、「認知のタイトカップリング」の問題である。認知のタイトカップリングとは、認知が固定化して変わらなくなることを指す、組織論研究者のカール・E・ワイクが示した理論的枠組みであり、タイトカップリングとは、2つの主体が強固に結びつくことを意味する。

この考え方をB社の例に当てはめてみると、B社において、環境（顧客）と事業運営方法との関係は長らく固定化されている。今の顧客についてはよく理解しているし、顧客のための十分な知識や技術も備えている。だが、自分たちのいる環境の外側で起きている変化については、認知できていない。これが認知のタイトカップリングがもたらす問題である。

このような場合、「個人の認知能力を鍛えればよいのではないか」と思うかもしれないが、実際は、そう簡単に対処できるものではない。なぜなら、人は状況的に学習するからである。「状況的学習」とは、古くは哲学者のマイケル・ポランニーが示した学習理論をジーン・レイヴらが体系化した考え方である。人が何かがわかるようになるには、ただ知識を詰め込めばよいわけではない。与えられた知識がいかなる意味を持っているのかがわからなければ、知識はいずれ忘れられていく。言い換えるならば、知識と知識がどのようなつながりにあるのか、目の前の出来事とその知識はどう結びついているのかなどについて、自らの経験（状況）を通じ、暗黙のうちに徐々にわかるということが起きているのである。

この問題について、具体例をもとに考えてみよう。

私たちの日々の仕事は、顧客対応や業務報告、評価制度など、様々な仕事のルーティンによって作られている。これらは、単に仕事のやり方や見え方というだけでなく、そのルーティンが何を意味するのかという暗黙的次元を常に伴いながら機能している。

例えば、顧客にどう接するのかということは、顧客との力関係や、その職場の常識とも関連してくる。スタートアップ企業ではカジュアルな服装やコミュニケーションスタイルが好まれる一方、B to Bの製造業ではフォーマルなスタイルが好まれる。これは何を常識とするのかの違いであり、日々の仕事を通じて、個々の集団における常識は暗黙的に学習される。

この観点で無能化について考察してみると、現在の環境と事業が緊密に結びつくことで、人々が新たな環境に接する機会が限られてしまい、学習する状況に変化が生じないことがわかる。その結果、認知が固定化され、現状以外のものについて理解できなくなるという問題が生じるのだ。

人間の認知能力は有限なので、このように認知の焦点が定まることは、現在の環境に適応する上で一定の意義があることは先に述べた通りである。

だが、変化への適応という点では、こうした認知の狭小化は脆弱さを伴う。本章冒頭で紹介した地下鉄職員の対応や、B社の事業部長の認知能力の低さなどは、この認知の狭小化がもたらす問題の典型的な例だと言えるだろう。

構造的無能化をどう脱却するか

こうした状況を脱するには、人員の定期異動などによって認知の固定化を避けたり、事業のビジョンや戦略を変えることで認知の固定化を避けたりすればよいと思うかもしれない。

だが、そもそもそれらが必要だという問題の認知が成立しなかったり、ビジョンや戦略を考えようにも、考えが深まっていなければ美辞麗句を並べるだけで終わってしまうところに、構造的無能化の恐ろしさがある。意思決定を行う人々は問題を認知できなければならないが、無能化してしまった組織では、それもまた難しい。

既存の事業部門の強い慣性力が働くことで、人事部門や経営上層部も新たな事業運営のルーティンを回していくことに意識が向かなくなり、そうなると、問題を適切に認知できずに、変革する立場の人々も組織の無能化から逃れられなくなるのだ。

必要な施策を考えることも大切だが、それ以前に、どのような問題が起きているのかを理解できていなければ、適切な施策を講じられない。だが、事業変革が進まない原因が何であるかは、断片化した組織の中にいる当事者にはなかなか見えてこない。ここに問題解決の表層化が加わることで、変革はさらに上滑りしてしまう。

では実際に、この問題はどのような現象として現れ、いかなる対応が必要になるだろうか。

組織の断片化がもたらす問題には基本的に、それぞれの断片をつなぎ合わせて問題の暫定的な全体像を把握し、必要な施策を構築し、実行していくことが求められる。

何が問題かがよくわからない状態の組織は、流行のソリューションを次々と取り入れようとしがちである。このようなケースでは状況は改善されず、時間やお金などのリソースが浪費されることで組織は疲弊し、さらに新たなソリューションを導入するといった悪循環が生じやすい。

また、実際には組織の上層部によって十分な戦略が練られていないことで生じる問題が、現場のメンバーの意志や能力の問題にすり替えられることもある。これは意図的なすり替えというより、何を考えればよいかがわからないことで生じる問題である。

そして、社員研修などを行ってみるのだが、メンバー間に、何かを提案してもそれに対する必要な支援が得られないという状況への適応が起きていることが上層部には見えていないため、問題は一向に改善されない。

あるいは、ミドル層を「古い価値観に固執する粘土層」などと悪者視するようなことも起きる。

だが、これも会社の戦略がよく考えられていないことで生じる問題であり、より上位階層の連携の悪さが、ミドル層では解決しえない問題に「横串を通せ」などという無理難題を突きつけた結果でもある。これはまさに問題の「表層化」そのものである。

ここで、事業部門から新規事業開発部門への協力が生まれにくいのは、自社の将来の方向性についてのコンセンサスが、経営上層部で十分に形成されていないからである。あるいは、新規のアイデアがなかなか出てこないのは、アイデアを出してもそれをうまく生かすための戦略が欠けているからだ。上層部が必要な戦略を講じないかぎり、現場は動くことはできないのである。

戦略的成功の代償――インテルの事例から

経営戦略論研究者として知られるロバート・A・バーゲルマンは、インテルがパソコン用CPU事業の成功後に新規事業開発が停滞した現象を分析している。[5] 彼は、過去の事業の成功によって戦略に強い慣性力が働き、それが新規事業開発を停滞させることを明らかにした。

半導体メモリの一種であるDRAM製造メーカーであったインテル社は、1980年代に日本や韓国の企業が続々と市場参入したことで激しい競争に直面し、収益力が低下した。そのため、現場主導で新規事業開発を行い、拡大するパソコン市場向けのCPUの開発に成功した結果、業績は大幅に回復する。このCPU市場での成功には、CEOのアンディ・グローブも積極的に関与している。ここまでは非常に優れた戦略転換である。

しかしこの成功によって、インテルは、強い戦略の慣性力がもたらす様々な問題に、長年悩まされることになる。

例えば、新規事業開発を進めようとしても、既存事業と同じ戦略のもとで事業展開せよというトップの方針で、事業開発に失敗してしまう。これは新たな戦略が求められる市場で、従来どおりの戦略をそのまま活用することで生じる問題である。

また、別の新規事業では、収益率によって資源配分が決定されてしまう結果、既存事業と同じ基準で評価されると不利な新規事業は、十分な資源配分が受けられずに開発が頓挫してしまうことがあった。他にも、既存事業との関連性の低い新規事業には十分な資源配分がなされないケースも見られた。

これはいずれも、組織の環境適応の成功が新たな環境への適応性を削ぐという環境適応のパラドクスそのものでもある。

バーゲルマンの事例研究で描かれるインテルは、筋のよい新規事業開発をしようとする動きが社内に次々と生まれている点で、まだ希望が持てる。一方、長年停滞している企業ではこうした事業変革の動きも弱く、そうなると、筋のよい事業アイデアを考えることもできなくなる。

これは、事業変革できない状況が長年放置されてしまった結果、既存事業の慣性力が維持されたまま組織の断片化が進み、人的能力や組織能力が低下していく構造的無能化の状態に他ならない。

では、組織で働く一人ひとりが自分たちの直面する問題に対して必要な策を考え、戦略的にそれを実践できるようになるには何が必要だろうか。次章ではこの問題について掘り下げてみたい。

章のまとめ

この章では、いくつかの事例や参考となる経営学研究をもとに、構造的無能化のメカニズムを説明してきた。

環境適応による組織の分業化とルーティン化は、組織の断片化をもたらし、それが不全化の原因となって、組織の考える能力と実行力を著しく低下させる。このような状態の組織は、問題を解決しようにも表層的な問題しか捉えられないという悪循環に陥る。

構造的無能化を生み出すこうした組織の慣性力から脱却することこそが、本書が目指す企業変革である。

column

センスメイキングと変革

企業変革について考える際に重要な理論の1つに、「センスメイキング（sensemaking）」がある。センスメイキングとは、組織の中で多義性が認知され、その内容について解釈がなされ、意味が形成されるという一連のプロセスのことである。

例えば、ある事業の中で「これまで経験したことのない気になる現象がある」と多義性が認知され、それに対して「これは大きな可能性を持った事業になるかもしれない」という解釈が進み、やがて事業として展開することが決まっていくという一連のプロセスは、典型的なセンスメイキングである。

自分が感じ取った何かが、実は新たな事業のアイデアだったというように、現象が認知され、その意味が形成される。このようなセンスメイキングが行われるようになることが、本書の目指すところである。

このセンスメイキングの議論を展開したのは、カール・E・ワイクという組織理論研究者である。彼の2つの著作『組織化の社会心理学　第2版』（1979年）と『センスメーキング イン オーガニゼーションズ』（1995年）は、その後の組織論研究に大きな影響を与えた。[6] 彼の議論の革新性は、組織が適応しようとする環境が、組織の認知との相互行為の中からどのように形成されるのかという問題、言い換えるならば、組織の目的の形成の問題を明らかにしたことにある。

それまでの組織論では、組織を取り巻く環境は、客観的に存在するという前提に立ち、組織における目的の形成については議論が避けられてきた。組織理論研究者として知られるハーバート・A・サイモンの『経営行動』の出版以降、組織論研究は基本的に組織を目的と手段の連鎖として捉え、手段の合理性を科学的に捉えることを目指してきた。しかし、その組織の人々が何を目的として行為するのかという問題については、一般化できないという理由で、議論から排除されてきたのである。

一方、ワイクは、組織を多義性の認知と削減の過程から意味が形成されていくセンスメイキングのプロセスとして捉えた。この考え方は、それまでの組織理論とは大きく異なる。

彼が導き出した重要な結論の1つに、「組織は多義性を認知し、削減し、解釈の枠組みを保持するという一連のプロセスを経て環境適応を果たすと、新たな多義性の認知が難しくなる」というものがあり、その現象を彼は「適応が適応可能性を排除する」と表現している。

この考え方は、先に述べたバーゲルマンやクリステンセンにも引き継がれている。優れた戦略やイノベーションによって環境適応を果たした組織が、戦略を変えられなくなったり、イノベーションの前に敗れ去ったりしていくという問題は、現代に生きる私たちにとっても身近なものだろう。

ワイクが書いた有名な論文に「戦略の代替物」（1987年）がある。[7]これは、環境を分析して合理的な戦略を導こうとする形式的な戦略策定の議論に対し、人々が行為をする上で環境とは何かを構築していく過程に注目したものである。

この論文の中でワイクは、状況について当座の自分たちの理解を信じて行為してみること、あるいはジャズの即興演奏のように状況に応じて意味を見出していくことが、多義性の取り込みと解釈を生み、センスメイキングが進むのだと述べる。事前に合理的な戦略を考えることをよしとする旧来の常識よりも、行為を通じて意味が形成されるほうが現実に近く、適応力もあると彼は考えた。

この論文には、ハンガリー軍の偵察隊による、次のような雪中演習のエピソードも紹介されている。アルプス山脈の吹雪の中で、ハンガリー軍の偵察隊が本隊から離れ、偵察訓練を行った。吹雪に遭遇した偵察隊は予定を過ぎても帰還できず、3日後にようやく無事に帰ってくることができた。その間、彼らはどのように過ごしていたのか。また、どうやって生還したのだろうか。

「われわれは迷ったとわかって、もうこれで終りかと思いました。そのとき隊員の一人がポケットに地図を見つけました。おかげで冷静になれました。われわれは野営し、吹雪に耐えました。それからその地図を手がかりに帰り道を見つけ出しました。それでここに着いたわけです」

しかしこの話には、興味深いオチがある。

中尉は、この命の恩人となった地図を手にとってじっくりと眺めた。驚いたことに、その地図はアルプスの地図でなく、ピレネーの地図であった。

このエピソードの解釈の多義性について、いくつか指摘しておきたい。

1つはワイクが論文内で述べているように、混乱した状況下では、行為を通じて環境に働きかけることで、環境についてのセンスメイキングが進むということである。

このため、戦略は行為の契機になればよく、詳細が決められている必要はない。戦略をきっかけに行為をすることを通じて、環境が何であるのかの認知と理解（センスメイキング）が進むからだ。そこでは事前に答えがわかっている必要はなく、むしろ、センスメイキングがスムーズに進むようになることこそが重要である。

これは、既存の事業の基準に照らして、正しい戦略が導き出されなければ行為できないという問題を抱えた今日の企業においても、非常に意味のある指摘であろう。

だが、果たして、センスメイキングのためならどんな戦略でもよいと考えることが、本当に正しいのだろうか。

ワイクはこのハンガリー軍のエピソードについて、同論文中で組織論研究者のカーク・ダウニーから、もしもその地図がディズニーランドの地図であったとすれば、センスメイキングは起きなかっただろうと指摘されたと述べている。

つまり、人々が行為するに足る妥当性を大きく逸脱していれば、戦略は行為を生み出すきっかけにならず、センスメイキングは起きない。また、彼らは軍隊で行動規律を学び、肉体的な鍛錬を行っていたことも忘れてはならない。もし彼らが無鉄砲に動いていれば、たちまち死に直面していただろう。

変革の実践においては、むしろこの点が重要である。組織に新たなセンスメイキングを生み出すために、現状の組織を動かす基本的な認知の枠組みについて、どこまで深く変革者が理解しているかということを、軽視してはならない。

変革の実践には、組織の認知の枠組みを内側から少しずつ変えていくように働きかけていくことが、何より大切である。

1　Duhigg, Charles. (2013). *The Power of Habit: Why We Do What We Do, and How to Change*. Random House Books.（チャールズ・デュヒッグ『習慣の力〔新版〕』渡会圭子訳、ハヤカワ文庫ＮＦ、２０１９年）

2　Tett, Gillian. (2015). *The Silo Effect: Why Putting Everything in its Place isn't Such a Bright Idea*. Little Brown.（ジリアン・テット『サイロ・エフェクト――高度専門化社会の罠』土方奈美訳、文春文庫、２０１９年）

3　Lawrence, P. and Lorsch, J. W. (1969). *Organization and Environment*. Homewood, IL: Richard D. Irwin.（ポール・R・ローレンス、ジェイ・W・ローシュ『組織の条件適応理論――コンティンジェンシー・セオリー』吉田博訳、

産業能率短期大学出版部、１９７７年）

4　東原敏昭『日立の壁——現場力で「大企業病」に立ち向かい、世界に打って出た改革の記録』（東洋経済新報社、２０２３年）には、カンパニー制によって各事業部門の利益責任の意識が低下したことを問題視し、社長直轄の事業部制へと組織デザインを変更したエピソードが登場する。組織デザインの変更は重要であるが、同書の記述を読めば、社長であった東原がいかに各事業の状況を把握し、適切なフィードバックを行ったかという実践のほうがより重要であるとも読める。

5　Burgelman, Robert A. (2002). *Strategy is Destiny : How Strategy Making Shapes a Company's Future*. Free Press.（ロバート・A・バーゲルマン『インテルの戦略』石橋 善一郎・宇田理訳、ダイヤモンド社、２００６年）

6　Weick, Karl E.(1979). *The Social Psychology of Organizing 2nd*. McGraw-Hill.（カール・E・ワイク『組織化の社会心理学　第2版』遠田雄志訳、文眞堂、１９９７年）

Weick, K. E. (1995). *Sensemaking in Organization*. SAGE Publications.（カール・ワイク『センスメーキング イン オーガニゼーションズ』遠田雄志・西本直人訳、文眞堂、２００１年）

7　Weick, Karl E.(1987). Substitute for Strategy, *The Competitive Challenge* (Teece ed.). Harper Row.（カール・E・ワイク「戦略の代替物」ティース編『競争への挑戦』白桃書房、１９８８年、pp.269-288）

第4章

企業変革に必要な3つの論点

「わたしたちはさまざまな物事について考えるとき、
いま目にみえる状態をもとに考察しがちです。
そうした状態を生み、それを維持している原因については
十分に遡って考えません」

（エドマンド・バーク『フランス革命についての省察』）

本章以降では、構造的無能化が進み、組織能力が低下した組織を変えていくために必要な変革とは何かを考えていく。本章ではまず、構造的無能化から抜け出していくための企業変革の取り組みとして、3つの問題を乗り越える必要があることを示す。

その3つとは「多義性」「複雑性」「自発性」である。「多義性」では状況認知と解釈の問題、「複雑性」では戦略を考え推進する組織的実行力の問題、「自発性」ではメンバーの自発的な企業変革への取り組みの構築の問題がそれぞれに存在する。

以下では、これら3つの問題の内容について、具体例とともに解説していきたい。

(1)多義性――「わからない」壁を乗り越える

「多義性」とは、ある状況について、複数の解釈が存在する状態を指す。「現在の状況は○○である」というように、明確に説明できる状況は、多義性が低い。一方、「現在の状況は、○○かもしれないし、××かもしれない、あるいはそれ以外の何かかもしれない」というのは、多義性が高い状況である。

例えば、自動車業界において、現状のペースで電気自動車が普及していくのか、今後も紆余曲折があるのか、それとも自動車以外の新たな移動手段が開発されるのか、などの問題を考える場合、多様な解釈が可能である。つまり、多義性が高い状況だと言えるだろう。

あるいは、食品小売業界において、今後どのような形でＥＣ（電子商取引）が普及するかという問題を考える場合、そもそもＥＣ化がうまくいくかということに加え、配送方法についても、アマゾン・ドット・コムのような巨大企業の倉庫から商品を直接配送するのか、それとも既存店舗を活用するのか、あるいは全く違うものになるのか、さらに扱う商品の種類など、様々な問題と解釈が存在する。これもまた多義性が高い状況である。

この「多義性」は、「不確実性」とは異なる概念である。不確実性とは例えるなら、電気自動車が普及するか、ＥＣが普及するか、ＤＸが機能するか、などに関する確実性の度合いであり、問題・論点自体は明確で、その問題・論点が求める結果に至る確実性の度合いを示すものである。

一方、多義性とは、問題や論点の解釈が複数存在している状況である。そのため、多義性に関しては、どのような問題・論点を立てるかを明確にする必要がある。

組織において「多義性が認知される」とは、これまでとは異なる新たな状況解釈が組織に取り込まれることを意味する。この場合、様々な問題・論点をどう解釈していくのかが、組織の行動を決めることになる。

多義性はなぜ認知されにくいのか――C社の事例から

万全なビジネスモデルを確立し、業界で揺るぎない地位にあるC社の事例をもとに、この問題について具体的に考えてみよう。

最近、低価格を武器に盤石のサービスプラットフォームで市場を支配するC社の事業基盤に対し、新興勢力のD社が新規参入を狙っていると見られる動きがあった。これに対し、「よくある新興勢力の参入で、考慮するに値しない」という意味づけがなされる場合、多義性は認知されていない。

一方、「低価格を武器にしたよくある新興勢力の参入」という解釈に対し、「もしかすると自社の事業を脅かすかもしれない」という解釈が生じた場合、多義性が認知されていると言える。

こうした状態では、どちらの解釈が正しいかという問題について、組織は多義性を減らす方向へと強く動機づけられる。だがそれと同時に、新興勢力の出現という現象の背後で何が生じているのかについて、様々な意味の探索が始まる。

その際に、多義性を認知せず、つまり、背後で起きている問題について探索することなく、リスクや新たな事業機会を捉え損ねてしまうという現象がよく見られる。例えば、D社がよくある新規参入のように見えて、実は新たな市場変化に対応した斬新な戦略で、C社の事業基盤を崩しにかかっているとすれば、どうだろうか。

このように、変化の兆しに対して多義性を認知し、新たな戦略を打ち出せる組織は、環境変化への適応力が高い。だが、多くの場合、それができずに徐々に構造的無能化に陥っていく。

ではなぜ、多義性を認知することはこれほどまでに難しいのだろうか。

それは前章で述べたように、組織には認知的な慣性力が働くからである。つまり、「A事業については盤石である」という認知は、D社の動きについてよく観察しようとする前に慣性力が働き、その現象をいち早く解釈してしまうことによって生じる。言い換えるならば、C社の人々は考える前に、D社の動きの意味を「いつものよくあること」として「わかってしまう」のである。

だが、この場合、C社の事業について、新規参入のD社のサービスを購入している顧客にはどう見えているのか、D社はなぜC社の顧客を奪おうとしているのか、という問題については「わからない」ままである。そして自分たちが状況を理解できていないということが、C社の人々にはわかっていない。

つまり、「わかる」とは、「わからないことがわからない」ということでもある。なぜなら、何かがわかるということは、別の解釈の可能性を考えないことによって成り立っているからだ。

もちろん、多忙な業務をこなしながら、「何かがわかっていない状況だ」といちいち考えていたら業務が滞ってしまう。だが、小さな違和感を覚えたときに、それが何を意味しているのか、背後に起きている問題を探る手がかりとして考えを巡らせられるかどうかが、変革の入り口に立てるか否かの決め手になる。

尚、これは競合他社の参入などの話に限ったことではなく、変革施策を進める際に、変革施策推進部門と事業部門との間で生じる噛み合わなさなどにも顕著に見られるものである。

例えば、DXの推進では、DXが自社にとっていかなる意味があるのかという解釈に、多義性が存在している。

デジタル化によって何をするのかについて、DX推進部門は、自社のビジネスモデルそのものをデジタル化しようとしているのに対し、事業部門は、既存事業を効率的に運営することを想定しているかもしれない。そのため、DX推進部門は初期段階でこの解釈の多義性をうまく認知できずに進捗が滞ることがある。

問題は、こうした取り組みが停滞したときに、「変革施策は自社の経営課題にとって重要だから進めるべきなのに、事業部門はそれが理解できていない」という解釈にとどまってしまうことである。本来はこのようなときこそ、多義性をしっかりと見定めなければならない。

表層的な問題解決に走るのではなく、変革に伴いどのような問題が生じ、いかなる痛みが伴うのか、その痛みを乗り越えるために必要なものは何か。これらの問題について、推進部門が事業部門の問題意識にまで踏み込むことができれば、双方にとって意味ある施策を展開できるだろう。

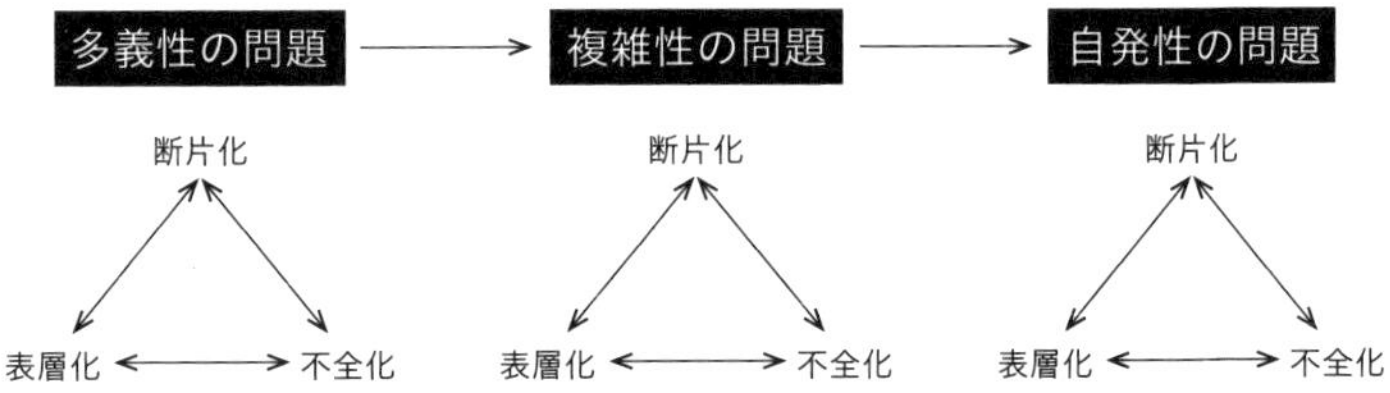

図4-1　構造的無能化と変革上の課題との関係

ここまで見てきたように、多義性の問題には構造的無能化のメカニズムが内在化されている（図4－1）。これは複雑性、自発性の問題についても同様に言えることである。つまり、構造的無能化を生み出すメカニズムを1つずつ紐解き、変革していくことが、3つの問題を乗り越えていくためには必要なのである。

(2)複雑性――「進まない」壁を乗り越える

次に、「複雑性」について考えてみよう。

「複雑性」とは、ある事象に対して、複数の現象が絡み合っていることで状況が明確に把握されず、どのような解決策があるのかがわかりにくい状態を指す。

企業変革の取り組みでは、状況の多義性を認知し、目に見える問題の背後にある、より複雑な問題について見定めようとする際に、この複雑性の問題に直面することがある。事業部門の余裕のなさや部門間のコンフリクトなど、この複雑性の現れ方は実に多岐にわたる。

例えば、新規事業開発において、製品の試作や検証段階まで開発が進んでいるのに戦略構築が不十分なために事業が頓挫してしまったり、他部門の協力を得られずに開発が頓挫する、あるいは、中期経営計画で全社的な事業変革の方向が示され、具体的な数値目標まで掲げられているのに、よい戦略を打ち出せずに変革が実行されないといったケースである。

部門間コンフリクトはなぜ起きるのか

この複雑性の問題について、DX推進のために専門の部門を設け、担当役員としてCDO（最高デジタル責任者）を置きながら、なかなか変革が進まないというケースをもとに考えてみよう。

例えば、DX推進部を設置し、自社のDXを事業部門に働きかけるが、事業部門がDXに協力してくれないどころか、データ提供やビジネスモデルの変革を検討する際に、非常に後ろ向きな態度をとるような場合である。

状況をよく観察してみると、既存事業の予算達成との兼ね合いもあり、事業部門の担当執行役員はDXにあまり積極的ではない。彼は、DXはCDOの管轄だと考えているため、自分から率先して動こうとはしない。

なぜなら、予算達成の問題や、DXを進めた先にどういう可能性が拓けるのかが、彼にはいまひとつよくわからないためである。

一方、ＤＸ推進部は、メンバーの理解やスキル不足の問題だと考えて、啓発活動やトレーニング・プログラムを展開し始める。そこには、「状況をわかっている自分たち」と「わからない事業部門」という理解が見え隠れする。これでは、賛成派か反対派かという対立の構図を生み出すことにもなりかねず、そこに、事業部門の反発が見られるケースもある。

このように、施策を実行させるために問題を単純化し、表面的な問題の解決策を講じることにとどまってしまうと、実行部門側の課題や状況の複雑性についての推進部門側の理解不足が原因となって、変革が著しく停滞する。

この「進まない問題」を紐解くのは、なぜこれほどまでに難しいのだろうか。

例えばＤＸなどを考えてみても、変革を推進したい部門と、実際に変革を実行する部門は、コーポレート部門と事業部門などのように、別の部署であることが多い。それぞれがそれぞれの課題感のもとで業務を遂行し、そこには個別の慣性力が働いているため、コーポレート部門の変革が必要だという問題意識に対し、事業部門が自分たちの仕事の手を止めてまで協力する意義を見出せるようになるには、かなりの努力が必要である。

一方、コーポレート部門もその複雑性に向き合い、施策を推進していく必要があるが、組織の断片化によってコーポレート側も問題をうまく捉えきれず、なぜ事業部門が動かないのかがよくわからない。

このようなコンフリクトが生じる場合、当事者同士で問題を解決するのは難しく、より上位の経営層が、コンフリクトの両岸にいる双方にとって意味ある枠組みを、全社的な視点で提示する必要がある。なぜなら、DX推進部門はDXについて考えているし、事業部門は自事業について考えているが、両者がどう進んでいくかという視点の統合がなされていないからである。

ここでは、DXを進めることが経営上どのような意義があるのか、全社戦略や事業戦略上の重要性はどこにあるのか、といった問題への理解とコンセンサスを、経営会議レベルの上層部で議論し、部門間のコンフリクトを解消する必要がある。役員や取締役だけでこのような話し合いを進めることが難しい場合は、経営企画部門とDX推進部門が連携し、ファシリテートするとよいだろう。

だが、実際にはここまでの問題認識や行動に至ることは少ない。なぜなら、多くの経営層にとって、変革が進まない状況は、下位階層間で横串を通すべき問題、つまりDX推進をしようとする現場の人々の意識や能力の問題のように見えてしまうからだ。

経営上の重要な決定やコンセンサス形成がなされていないこと、その背後に組織の断片化の問題が横たわっていることは、表層的な解決策を講じても見えてこない。変革を進めるには、組織の複雑性を乗り越えていかなければならないのである。

(3)自発性——「変わらない」壁を乗り越える

3つ目の「変わらない」という問題を考えてみよう。

これは、戦略を構築したり新たな変革上の施策を打ち出したりしても、それが実行部門で積極的に実行されないという問題である。こうした状況に対し、施策の推進者側が、現場の理解不足や施策の浸透度の問題だと考えてしまうことはよくある。そして現場の理解を進めるために様々な取り組みが行われる。

例えば、近年盛んに行われるようになった1on1やエンゲージメント・サーベイなどの取り組みが、現場で積極的に受け入れられないことがある。そこで数値目標を設定して、状況改善を促そうとするのだが、面従腹背が横行し、アリバイ的な実施にとどまったり、問題の多い現場ほど協力的でなかったりする。

このような場面では、施策への理解を深めるために、丁寧に会話をしていくことを「対話」と呼んで実行させようとすることがある。

だが、よく観察してみると、この構図は対話と呼ぶにはふさわしくないものだ。なぜなら、施策の是非については議論の余地はなく、それを一方的に理解させるための場という前提に立っているからだ。つまり、推進部門にとって、実行する側の事業部門は変革施策を実行するための1つの道具であり、そこに個別性や複雑性を見出そうとはしていないのである。

もちろん、1on1やエンゲージメントなどの取り組みを通して、上司と部下で会話をしたり、会社の仕事を通じて成長の実感が得られたりすることには一定の意義があるだろう。しかし、何より大切なのは、そうした施策が、なぜ自分たちが望むような形で実行されないのか、なぜ現場が自発性を持たないのか、いつ頃からそういうことが起き始めたのかを考えることである。

それがわからない場合は、そのわからなさの中にこそ、変革の鍵があると考えるのが望ましい。現場には施策を実行できない何らかの理由があるのかもしれない。双方の見ている世界が異なるのに、その違いを踏まえずにどんなに施策を推進しようとしても、現場は不満を募らせるだけだろう。

このような場合は、意味の押しつけをせず、実行部門の人々の世界を知ろうと努め、彼らの言語（ナラティヴ）で、自分たちが進めようとしている施策を捉え直す必要がある。

「考える私と実行するあなた」という関係から、「ともに課題に取り組む者」という関係性をいかに構築していけるか。そこには推進者も実行者とともに変わらなければならないという痛みが伴う。しかし、双方に存在するこの痛みに向き合い、乗り越えていこうとすることこそ、対話をするということであり、変革に必要な道筋である。

機会を捉え、戦略を考え、自発性を持って実行する。完璧ではなくても、こうした地道な実践を続けていくことが、企業の未来を作っていくはずだ。

「問題の二重性」を紐解く対話

これまで、企業変革上の3つの問題について述べてきた。

構造的無能化のメカニズムと密接に関わるこれらの課題を乗り越えていくためには、まず、目の前で起きている問題を紐解くところからスタートしなければならない。つまり、表層化する問題解決の罠をかいくぐり、表層的な問題を生み出す、より重要な課題に手をつけていかなければならない。そのために必要になるのが対話である。

序章では、ドラッカーのマネジメントの概念、あるいはそれ以前の思想の中にも、対話的な視点があることを述べた。[1] このドラッカーに強く影響を受けた同時代人に、セオドア・レヴィットというマーケティング論の大家がいる。彼の「穴あけドリルを買う人は、ドリルがほしいのではなく、壁の穴がほしいのだ」という主張をご存じの方もいるかもしれない。[2]

それが意味するのは、顧客は壁の穴を開けるという目的のために、ドリルという手段を購入しているということである。つまり、ドリルを使わずに壁の穴が開けられたり、穴を開けなくても目的が叶えられたりするならば（例えば壁に絵を飾ることが目的だとすれば、穴を開けずとも壁に絵を飾れる方法があるならば）、顧客はそれを選択するだろう。

企業は顧客がなぜ自社の製品やサービスを購入するのかをよく考え、事業ドメインを再考していかなければならないということを述べた、経営戦略論やマーケティング論のテキストでも度々登場する有名な議論である。

このレヴィットの「マーケティング近視眼」という論文の冒頭には、アメリカの鉄道の衰退に関する興味深いエピソードが紹介されている。第二次世界大戦後、アメリカでは航空機や自動車の普及とともに、鉄道は衰退の一途を辿る。その理由について、「鉄道事業者が提供しているのは鉄道事業であり、輸送手段を提供しているとは考えなかったからだ」と彼は指摘する。

鉄道事業者はなぜ、自分たちが顧客に輸送手段を提供しているとは考えなかったのだろうか。それは、顧客の視点で自社の事業を捉えることがなかったからだとレヴィットは述べる。

図4－2はこの問題を図式化したものである。

鉄道事業者は、鉄道運行の改良は怠らなかったが、顧客の視点で自分たちの事業を見ることをしなかった。もしそれを実現できていれば、移動手段という観点から、鉄道以外の事業を検討できたかもしれず、あるいは、鉄道事業で構築された知識や技術を、別の形で事業化できたかもし

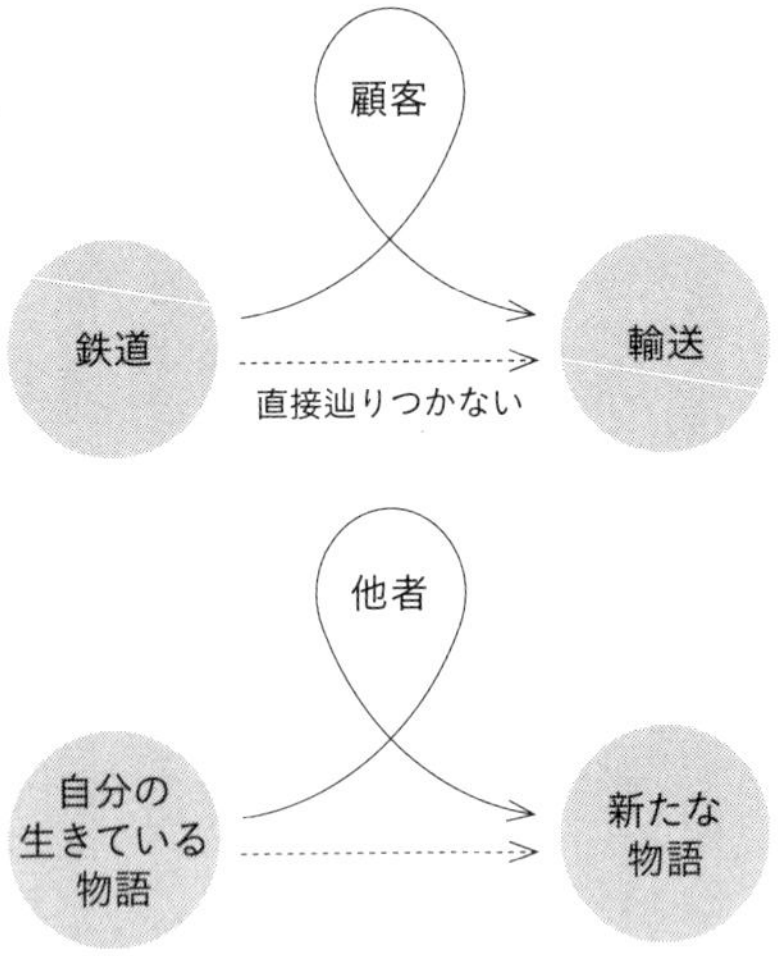

図4-2　顧客の視点で自事業を捉え直すプロセス

れない。

だが、鉄道事業運営という視点のみで自分たちの事業を捉えている限り、こうした考えには至らない。

鉄道事業に携わる多くの人々が、自分は鉄道事業を熟知したプロフェッショナルであるという自負を持っていただろう。それ自体は大切なことである。

しかし、このエピソードが示すのは、鉄道事業の背後にある顧客の課題に気づくことの大切さである。果たして、どれだけの人々が、自分たちは顧客のことをわかっていないということに、目を向けられていたであろうか。

顧客の課題や社会にある様々な課題について、自分たちはよくわかっていないという事実に目を向けること。それは、自分や自組織の弱さを受け入れることであり、その過程は少なからぬ痛みを伴うだろう。その痛みは、自分の精神的な痛みだけではなく、組織の混乱や対立といった形で表れることもあるかもしれない。

変革に伴う痛みは、自分たちが直面する課題に対し、自分たちは答えを持たないという事実を認めざるを得ないことで生じる。しかし、そのことに耐えなければならないときもある。より複雑な問題の正体が見えてくるまで、複雑さを抱えていかなければならないこともあるだろう。

そうした答えの見えない領域へと歩みを進めることこそ、変革の第一歩と言えるだろう。

「対話」とは何か

ところで、そもそも「対話」とは何だろうか。

人類学者の山口昌男は、かつて「『すぐれた人類学』とは、己れの価値で他者を量るのではなく、他者を媒介にして己れを量りなおすところにある」と述べた。[3]

人類学研究では、普段生きている世界とは遠く離れた人々の調査・研究をする、フィールドワークという手法をとることがある。それは、言い換えるならば、他者と出会うことである。他者とは、私の知らない存在、異質な存在である。研究対象としてその人々について知り、知識としてまとめていくことはもちろん大切だ。だがそれと同時に、他者の生きる世界を知ることを通じて、自分自身や自分が生きている世界を捉え直すことにも、フィールドワークの意義はある。

それは同時に弱さの中に身を置くことでもある。自分の知らない世界で、自分がどんな力を発揮できるのか、どう自分を安全に保てるのかがわからないとき、私たちは弱さを覚える。

そして、その弱さ故に知らない世界を知ろうとし、その中で自分が何を得てきたのか、そこで自分にできることは何かを考えようとする。この作業は当然、その知らない世界の人々との関わりを通じて行われるものであろう。

これは「他者を媒介にして己れを量りなおす」という、対話の実践そのものである。「対話の哲学」によって知られる神学者のマルティン・ブーバーは、人間存在の根源的な関係性を、「我―それ」と「我―汝」という2つの関係性に分類し、対話とは何かを示した。[4]

前者の「我―それ」の関係性において、相手とは私の目的を達成するための道具としての存在である。そこに相手の個別性は考慮されないし、私と同じように生きる世界が存在することも考慮されない。別な言い方をするならば、「それ」のために「我」は変化しない。「それ」は「我」の目的を達成するための手段に過ぎないからだ。

一方、「我―汝」の関係は、相手（汝）の言語（*logos*）を通し（*dia*）て、自分が立ち現れる対話（*dialogue*）的関係である。この対話的関係においては、相手と関わることこそが目的であり、関わりを通じて私が新たに生み出されるという関係性が生まれる。私と相手は、分断された存在ではなく、地続きの存在としての関係である。

ここにおいても、弱さが1つの鍵となる。私が「それ」と思って見ている対象について、実は知らないという弱さが見出されたとき、私たちは対話の入り口に立っている。他者について知らないということが、「それ」を「汝」として見出そうとする働きを生み出し、その行為を通じて、「それ」の「汝」としての側面を新たに知るとき、私自身が変わっていることに気づくだろう。

対話の実践と2つの方向性

では実際に、企業活動において顧客を創造し、自ら経営する組織になるために、対話をどのように取り入れればよいだろうか。先述の「多義性」「複雑性」「自発性」という変革に必要な3つの論点をもとに考えてみよう。

「多義性」については、これまでの解釈の枠組みでわからないことをわかっている側面からのみ解釈してしまう結果、「何がわからないかがわからない」という問題だと述べてきた。そう考えると、主に2つの方向での対話の実践が可能だろう。

1つは、変革推進者にとっての方向性である。例えば、DXや新規事業などの推進部門では、その施策の意味が理解されないという問題に直面する。そのときに、施策の重要性を理解してもらうために、浸透策を講じることだけを考えるのは望ましくない。そうではなく、その施策が相手にとってどのような意味を持つのかという視点で施策を捉え直す必要がある。

もう1つは、何が起きているのかを探るという方向性である。例えば、先述のC社のように、自社の事業が脅かされているかもしれない状況では、今起きている現象を一つひとつ丁寧に掘り下げてみる。そして小さな事実がもたらす違和感の意味を、新規参入のD社の顧客の視点で捉え直し、それに応えていくことだ。

次に、「複雑性」であるが、複雑性は、施策推進の停滞として顕在化することが多い。それ以前に、組織内での理解がなかなか得られないと感じたり、何か重要なことが議論されていないという漠然とした違和感が生じたりしているかもしれない。大切なことは、その違和感の意味を慎重に探ることである。

例えば、DXや新規事業開発など、中期経営計画にも記されるような重要な取り組みについて、経営会議で総論賛成各論反対で進まないケースでは、組織内の理解不足の問題とみなすのではなく、自分たちには何か重要な問題が見えていないのではないかと考えることが大切だろう。

最後に、「自発性」であるが、企業変革の取り組みにおいては、メンバーが言われたことをするだけで、それ以上の工夫が見られないという問題が生じやすい。このようなときも、施策に対する理解を促す取り組み以上に必要なことは、何が起きているのかを探ることである。

経営者の目に映る風景は、その企業の経営という観点では正しいかもしれない。しかしそれがメンバーにとっていかなる意味を持ってくるかは、別次元の問題である。もちろん、そのようなことをいちいち考えていられないという人もいるだろう。

だが、ここで立ち止まって目を向けてほしいのは、変革推進者とはいかなる存在か、ということである。人々に位置と役割を構築し、経営できる組織へと変革をしようとしているのか、それとも、現状をただ乗り切りたいだけなのか、ということだ。

経営危機のように喫緊の対応が求められる場合は、後者への目配りも不可欠だろう。その場合は自発性を構築することの優先度は下がり、外科手術的な変革を実行しなければならない。それは自ら経営できる状態を目指すために必要なプロセスである。

だが、自ら経営できる組織を目指すならば、自分たちが進めようとしている方向性がいかなる意味を持つのか、その中で自分はいかなる存在であるのかを知る必要がある。それができれば、個人のみならず、企業そのものも、より広い視野で世の中を捉えられるようになるだろう。それは企業変革という点でも、大きな意義があることに違いない。

企業変革に対話をどう役立てるか

これまで述べてきたように、対話とは、実際に人と人が話をすることだけを意味しない。むしろ、相手の生きる世界を相手の視点で捉え直し、それに対して自分が応答し、自分が変わっていくプロセスこそが対話である。

では、企業変革に役立つ対話とはどのようなものか。先述のＤＸの推進部門と事業部門との対立事例をもとに考えてみよう。

推進部門側からすれば、なぜ事業部門が自分たちの作った変革施策を実行しないのか、自分たちの見ている世界の延長線上に相手を見ているときにはわからない。つまり、事業部門の人々の置かれた状況について、自分たちが何もわかっていないことに気づいていない。

一方、推進部門の人々は、問題を診断し、解決するために施策を策定し、それを実行するという一連の流れの中で生きている。そのため、変革が停滞し、その問題の中の多義性を認め、その停滞がなぜ起きているのかについて相手の視点を通じて知ろうとするとき、初めて対話の入り口に立つことになる。

そしてここには少なからぬ痛みが伴う。なぜなら、変革施策の推進部門の人々からすれば、事業部門の問題については、「自分たちにはわからない問題がある」という程度の認識にとどまっているからだ。

自分たちにはわからない問題を知らなければならないということ、場合によっては、問題をよく理解せずに的はずれなことをやってしまったという事実に向き合うこと、自分たちはどうすればよいのかよくわからないということ。その事実に直面したときの痛みは小さなものではないだろう。

だが、これまでの認識をいったん脇に置いて、その問題に対話的に取り組もうとするとき、そこにはこれまで見えていた世界とは違う世界が広がっているはずだ。それは、相手の痛みを知ることかもしれないし、互いにどうすればよいかわからないという状況に向き合うことかもしれない。

対話を通じて様々なことを知り、試行錯誤を重ねる中で、少しずつだが着実に何かが変わっていく。変革とはこの地道な取り組みを繰り返していくことである。自分が変わり続けることを通じて、組織が変わっていく。このたゆみない変化の過程として、企業変革を捉え直してみることもまた必要であろう。

章のまとめ

本章では、構造的無能化の状態にある組織が、いかにして組織能力を取り戻し、自ら経営する組織になれるかという問題について、多義性・複雑性・自発性という3つの論点をもとに考えてきた。その際には、各所との地道な対話を進める必要があることも指摘した。

変革のための対話をどのように進めるかという問題に対し、私たちはついわかりやすい答えを求めがちだ。

しかし、企業変革のジレンマを乗り越える上で不可欠なのは、他者を通じて、あるいは他者とともに、相手の生きている世界を知ろうとし、問題を紐解き、ともに変革の道を探ろうとすること、そして、そのことを通じて自分自身も変わっていくというプロセスそのものである。

column

ナラティヴ・アプローチとは何か

「ナラティヴ・アプローチ」と呼ばれる対話を通じ、人々へのケアを行う取り組みが、１９９０年代以降、主に医療・看護や福祉、臨床心理の領域で行われている。社会心理学を研究するケネス・Ｊ・ガーゲンは、著書『社会構成主義の理論と実践』において、私たちが自明なものと考える社会的現実（常識や規範などの社会的に共有された事象）は、語る行為の連鎖によって生成されるものだという認識論を示し、新たな現実を生成する実践としてのナラティヴ・アプローチの取り組みを紹介している。[5]

ガーゲンは、臨床心理分野でのナラティヴ・アプローチの実践例として、あるセラピーの例を取り上げ、そこで展開されるクライアントとセラピストとの会話を通じ、新たな現実が生成されるプロセスを紹介している。この背景には、専門家がクライアントの問題状況を専門知識によって診断し、治療するという従来の医療モデルの限界が指摘されるようになったことも関係していた。

治療の場では、専門家である支援者がクライアントを病《やまい》のカテゴリーに入れ、病人化する。しかし、そこに収まらない様々な問題が見落とされることで、新たな問題が生まれてしまうという複雑な現実を前に、旧来の解決策を有する者としての専門性の限界が指摘されるようになった。

一方、ナラティヴ・アプローチでは、クライアントと専門家という関係性をいったん脇に置き、セラピーの場において、相互の視点を媒介にした会話を繰り広げることで、問題解決の可能性を探求しようとする。一例を紹介しよう。

心理臨床家のマイケル・ホワイトは、ＡＤＨＤ（注意欠如・多動症）と診断された少年との親子面接の際に、すぐに解決策を求めようとする親を前に、少年に向き合い、「きみのＡＤＨＤは何色？」という質問をする。[6]

そして、少年が体験している問題を色で表現したり、絵に描いたりしながら、少年自身に起きていることをともに考えていこうとする。

この質問は非常に示唆的である。おそらく、ホワイトが自分の専門性の枠から抜け出すことなく、一般的な対処方法を両親に示すだけでは、この少年がどのような経験をしているのか、その中で何を感じ、どんな問題を抱えているのか、それはどのような経緯で生じたのかという、彼固有の出来事として、問題を捉えることはできなかったであろう。

見方を変えれば、これはホワイト自身が実践を通じて、その少年から何かを学ぼうとし、そのことを通じて自らが変わろうとする取り組みであるとも言える。

ここで注目すべきは、専門性とは、人々が専門家の資格を持つことで、治療という実践に関与できるようになる一方で、クライアントに起きている個別の現象に対し、「わかったつもり」になる強い力があるということである。

だが、対話とは本来、わかったつもりになることで見えなくなっている事象に対し、自分はわかっていない（not-knowing）という前提に立って、その人に何が起きているかを知ろうとすることである。[7]

ホワイトは問題の独自性を知り、クライアントができることを発見し、必要があれば、自分の持つ専門性の生かしどころを見出そうとし続けた。これは彼自身が、日々の実践の場で自らの違和感に目を留め、わからなさを探求してきた人であったからだろう。何がわからないのかがわからないならば、そのわからなさをクライアントと共有するというのが、彼の実践の鋭さであった。

私たちの日常は、実はわからないことだらけである。わからないことをわからずにいることで、普通に生活ができているに過ぎない。だが、一歩踏み込んでみれば、そこには個別性の世界が広がっている。

対話とは、「こういうことであるはずだ」という前提をいったん脇において、その事象や人そのものを見ようとすることである。他者の眼差しを介してその違和感の正体を探り、それに応答しようとすることそうした行為によって、階層を問わず、私たちは自ら経営する人へと誘《いざな》われるのである。

1 レヴィットがドラッカーから受けた影響を述懐した論文に、Levitt, T. (1970). The Living Legacy of Peter Drucker. in *Peter Drucker: Contributions to Business Enterprise*, New York University Press. がある。

2 Levitt, T. (1974). *Marketing for Business Growth*. McGraw-Hill.（セオドア・レビット『レビットのマーケティング思考法』土岐坤・Diamond ハーバード・ビジネス・レビュー編集部訳、ダイヤモンド社、２００２年）

3 山口昌男（１９７０）「調査する者の眼――人類学批判の批判」（『山口昌男コレクション』筑摩書房、２０１３年所収）

4 Buber, Martin.(1923). *Ich und Du*. Reclam.（マルティン・ブーバー『我と汝・対話』植田重雄訳、岩波文庫、１９７９年）

5 Gergen, Kenneth J.(1995). *Realities and Relationships*. Harvard University Press.（ケネス・J・ガーゲン『社会構成主義の理論と実践――関係性が現実をつくる』永田素彦・深尾誠訳、ナカニシヤ出版、２００４年）

6 White, Michael.(2007). *Maps of Narrative Practice*.WW Norton & Co.（マイケル・ホワイト『ナラティヴ実践地図』小森康永・奥野光訳、金剛出版、２００９年）

7 この点について、詳しくは以下を参照。Anderson, H. and Goolishian, H. A. (1988). Human System as Linguistic Systems: Preliminary and Evolving Ideas about the Implications for Clinical Theory, *Family Process*, 27(4), PP.371-393.（ハーレーン・アンダーソン、ハロルド・グーリシャン、野村直樹『協働するナラティヴ――グーリシャンとアンダーソンによる論文「言語システムとしてのヒューマンシステム」』野村直樹訳、遠見書房、２０１３年）、Anderson, H. (1997). *Conversation, Language, and Possibilities: A Postmodern Approach to Therapy*. Basic Books.（ハーレーン・アンダーソン『新装版　会話・言語・そして可能性』野村直樹ほか訳、金剛出版、２０１１年）

第5章

「わからない」壁を乗り越える

——組織の「多義性」を理解する

「複数のコンテクストに入り込む才能によって豊かな人生を送る人たちがいる一方で、複数のコンテクストに巻き込まれた混乱から生きる力を失ってしまう人たちがいる。両者に共通しているのは、世界を二重に受け取るという点だ」

（グレゴリー・ベイトソン「ダブルバインド、一九六九」『精神の生態学へ（中）』）

問題の多義性をどう見定めるか

企業変革を進める上では、様々な問題の背後に生じている重要な問題を掘り下げ、そこに着手していく必要があることを、ここまでの章で述べてきた。

例えば、企業が新規事業を立ち上げようとする際には、その新しい事業アイデアについて、その可能性を掘り下げ、起こりうる事業開発上の様々な問題を予測するといったことが求められる。だが、実際には既存事業の枠組みの中で新規事業の価値やリスクを評価してしまう。

こうした組織の問題に、どう向き合っていけばよいだろうか。また、目の前の出来事や問題の背後に、そこに関わる様々な人の生きる世界がそれぞれに存在していることを知るのは、なぜこんなにも困難なのだろうか。

それは、私たちが状況を理解する前に、つい、解決策を先取りしようとしてしまうからである。その背後には、これまでの事業で築き上げられてきた、事業運営や経営における無意識の「当たり前」が、慣性力として働いている。この慣性力が、起きている事象そのもの、あるいは問題それ自体を見るのではなく、技術的な解決策を先取りして、問題を解決しようとしてしまうのだ。

しかし、変革とはそもそも既存のやり方で解決できない問題を扱うものであるため、これがうまくいかないのは当然である。とはいえ、これまでのやり方を何もかも刷新すればよいというものでもない。

大切なのは、解決策の先取りをやめて、今起きている出来事の多義性をどうすればもっとうまく見定められるようになるかについて、考えることである。

この章では、そこに至るまでの具体的なプロセスを辿ってみたい。

そのためにまずは、既存事業の慣性力が働くことで、組織の変化への適応力が落ちていくという問題を概観してみよう。

戦略の構築、顧客の創造——サウスウエスト航空の事例から

アメリカのテキサス州で生まれたサウスウエスト航空は、低価格の航空旅客サービスで知られる企業である。同社は安価な長距離バスなどを利用する人々を主な顧客対象に、需要の高いテキサスの三大都市間を結ぶ航空路線を運航する航空会社として、1967年に設立された。

設立当初、既存の大手航空会社は、サウスウエスト航空の動きにあまり関心を示さなかった。同社は徹底してサービスを省いた格安航空会社で、自分たちの競合相手ではないと考えたからだ。

しかし、サウスウエスト航空はその後、高需要の波に押され、新たな運航路線を次々と拡大す

る。また、低コストの運航を維持するには、同じ型の航空機を使う、予約システムを簡素化する、航空機の空港滞在時間を短くするといったこと以外に、高い定時運航率の実現が不可欠であったが、それも日々オペレーションを改善することで徐々に達成していった。

こうして充実した路線数を高い定時運航率で提供する航空会社へと成長したサウスウエスト航空に、やがて多くの大手航空会社が顧客を奪われていくことになる。

当初、既存の航空会社は、サウスウエスト航空の安さこそ、顧客にとって唯一の価値であると考えていた。確かに、それは大きな魅力であっただろう。しかし多くの顧客は、路線数やサービスが限られる後発のサウスウエスト航空が、航空業界に破壊的影響をもたらすとは考えていなかった。

ハーバード大学経営大学院教授で、競争戦略論の第一人者であるマイケル・E・ポーターは、「戦略とは何か」（1996年）の中で、サウスウエスト航空は、安さという価値を生み出すためのバリューチェーンがシステムとして構築されたことで、競争優位性を生み出したと指摘している。[1]

また、同社の成功の秘訣を綴ったケビン＆ジャッキー・フライバーグによる『破天荒！』では、バリューチェーンのシステム構築過程でいくつもの問題にぶつかりながら、それを地道に乗り越えていく様子が生き生きと描かれている。[2] 同社の安さの実現という課題の背後にはこのように、新たな顧客の創造とそれを可能にする事業価値の構築という地道な実践があった。

サウスウエスト航空が構築した「ローコストキャリア（格安航空会社）」という新たなビジネスモデルは、それに追随する航空会社が次々と登場したことも相まって、大手航空会社に大打撃を与え、後にその多くが厳しい経営を強いられた。

この事例は、クレイトン・クリステンセンが提唱した「イノベーターのジレンマ（*Innovator's Dilemma*）」における破壊的イノベーションの典型的な例である。[3]

当時の大手航空各社は、拠点空港と各都市の空港を放射状に結ぶハブアンドスポーク型の運航形態を採用していたが、これは航空会社には効率的であるのに対し、利用者は近隣の都市に移動する際も、ハブ空港を経由して遠回りしなければならないというデメリットがあった。また、当時はまだ航空券の価格が高く、移動手段が限られていたことも、サウスウエスト航空の成功を後押しすることになった。

イノベーターのジレンマはなぜ起きるのか——行為環境に埋め込まれる企業

では、同じ状況のもとで、他の航空業界はなぜ、サウスウエスト航空のような戦略を打ち出せなかったのだろうか。

当時の大手航空会社も、最初はイノベーターであった。だが、市場が成熟する過程で、既存の顧客の顕在的なニーズを満たすことを優先した結果、敗北したのである。

なぜ、こうなってしまうのだろうか。

それは、組織は既存の事業環境において重視すべき点が明確になり、ルーティン化が進む一方で、新たな環境変化の兆しが捉えられなくなるからである。

組織ではルーティン化が進むことで、それぞれのメンバーが具体的な数値指標などに基づいて物事を判断するようになる。これは組織の分業が進んでいくことを意味し、事業最適化に必要なプロセスでもある。だが、その代償として視野が狭まり、自分たちのいる環境の外で起きる変化が捉えにくくなる。

クリステンセンの論理の興味深い点は、この状況を、単に組織内のルーティン化という視点のみで説明していないことだ。彼は、顧客という組織外部のプレーヤーから生じる力によって組織の内的なルーティンが形成され、それが徐々に固定化されていく現象として論じているのである。

この問題をもう少し掘り下げてみよう。

「イノベーターのジレンマ」の概念はもともと、内的なルーティンによる内部淘汰の力と、外的なプレーヤーが及ぼすコントロールの影響力という2つの力によって構築されたものである。

内部淘汰の力とは、資源配分パターンによって戦略が形成される際に、市場への適応が生じることで組織に強力な慣性力が働き、戦略が固定化してしまうことである。これは資源配分パターンの慣性力の問題を扱うものである。

例えば、サウスウエスト航空との競争に直面した大手航空会社に照らしてみると、未知の環境変化に資源配分をするよりも、既存事業の顧客に既存のサービスを提供するほうが、より確実な成果が期待できる。長期的にはそのままでは問題があるとわかっていたとしても、現時点で資源配分を変えることは難しい。ここに最初の内部淘汰が生じる。

このときに、環境変化に対して新たな事業機会の可能性などの積極的な意味づけがなされれば、資源配分が変わることもある。しかし、それが実現できたとしても、その事業戦略が既存事業の延長線上にとどまっていれば、やはり変化への適応は不十分なものになってしまう。これが次に生じる淘汰圧力である。

もう1つは、組織の外的コントロールの議論である。これは、組織の価値基準が、組織外部の重要な資源を有する主体に強固にコントロールされることを示したジェフリー・フェファーとジェラルド・サランシックによる研究である。[4]

サウスウエスト航空の事例においては、既存の主要顧客が顕在的に有するニーズ（路線の多様性など）にコントロールされて、既存顧客の潜在的なニーズや、既存顧客以外のニーズなど、新たな環境変化に対して戦略的に適応できなくなっていることがわかる。

さらにフェファーとサランシックは、環境には2つの次元があると述べる。1つは組織が認知して実際に活動する行為環境であり、もう1つは組織が認知できず、組織の成果に影響を及ぼす環境である。この認知できない環境が、既存市場で支配的な位置を占める企業の行為環境の外側で徐々に形成されて、あるとき突然、破壊的な力を持つことになる。

ではなぜ、このように認知できる行為環境と、認知できない行為環境が存在するのだろうか。また、その境界線はどのように表れてくるのか。

環境変化に対する認知の境界線は、言い換えると、その事業の「常識の壁」である。

この常識の壁は、個々人の常識ではなく、顧客との関係や既存のビジネスを形成するサプライヤーのネットワーク、流通のためのバリューチェーンなど、外的プレーヤーとの間で形成される様々なネットワーク（バリューネットワークとも呼ばれる）によって構成される業界の常識のようなものだ。事業が成熟するに従い、企業は、そのバリューネットワークに埋め込まれた存在となっていく。なぜなら、それによって既存の顧客の満足度を高め、サプライヤーとの連携も安定し、効率的に事業運営をすることが可能になるからだ。

しかし同時に、それによってネットワークの外側で起きる変化は見えにくくなる。市場の変化が何を意味するのかがわからないという状況は、組織内部の断片化だけでなく、業界の構造的な変化によっても生じる。つまり、行為環境で見えている問題の背後に、複雑な問題が存在しているが、それがうまく見えないという問題の二重性が、イノベーターのジレンマにおいても想定されているのである。

こうした状況において必要なことは、何が起きているのかをよく観察し、小さな違和感などを手がかりとして、背後で起きている重要な課題を掘り下げていくことである。そのためには、問題の表層的な部分にとらわれずに必要な策を考え、それを着実に実行し、修正するという地道な取り組みを重ねていかなければならない。

緩やかな変化は認知されにくい

こうした複雑な課題に対しては、既存の解決策で解決しようとしても成果が期待できないことが多い。ここは複雑さに耐え、問題が何であるのかをじっくりと探らなければならない。「イノベーターのジレンマ」で述べられるような破壊的イノベーションに直面したとき、私たちが実際にとれる策は限られている。そのため、破壊的イノベーションにはいつか必ず直面するものとして日頃から事業の変革を図り、新たな事業につながるアイデアを構築し、ダメージを軽減できるようにしておく必要がある。

とはいえ、比較的事業が安定している状況下で、どのように将来に備え、新たな成長機会を探り、イノベーションを生み出していく企業へと変わっていけるだろうか。私たちにとってより現実的で厄介なのは、急激な衰退というよりむしろ、もっと緩やかな衰退であろう。

例えば、ある事業がライフサイクルの終盤にさしかかり、この先の売上高の縮小は明らかで、競合との競争によって利益率も低下しているという状況について考えてみよう。

しかも、停滞の原因がよくわからず、変革の必要性は認知されているものの、問題が何であるのかがはっきりしないため、どうしても目先の数値目標や問題解決が優先され、不明確な問題について考えることは先送りされがちである。こうなると、戦略を立てようとしても社内のコンセンサスが得られにくく、戦略が曖昧なものになりやすい。

このようなケースでは、新規事業と並行して事業ポートフォリオを変えていかなければ、事業としての継続性に問題が生じることは明らかであるが、組織の断片化が進んでいるために問題の構造自体が見えにくい。ましてや、新たな事業機会を捉えることはほぼ不可能だ。こうして組織能力は確実に低下していく。

事業についての常識が組織内外から形成され、その中で環境変化が認知できなくなっているという点で、この問題が発生するメカニズム自体も、「イノベーターのジレンマ」と基本的に変わらないと言えるだろう。

緩やかな変化の中で環境変化への適応力が低下してしまうと、破壊的イノベーションが生じた際も必要な戦略構築は大幅に遅れ、壊滅的な打撃を受けることになる。緩やかな変化の中においてこそ変革を行わなければならないのだが、それが難しい。これまで述べてきたように、その必要性を認知することは容易ではないからである。

クリステンセンらが「イノベーターのジレンマ」に対して示した解決策は、組織を構造的に分化させるというアプローチであった。すなわち、新たなイノベーションを育てるために、既存事業を展開する組織とは別の組織を作り、新たな価値基準で、イノベーティブな事業の開発を進めるという方法である。

確かにそれによって、既存事業の価値基準にからめ取られずに済むだろう。これは構造的な解決策としては正しい。だが実際には、こうした組織デザインの表層的変更だけではうまくいかないことが多い。

出島組織の失敗のメカニズム

日本では、「出島組織」と呼ばれる新規事業開発部門を作り、その中で新領域の事業開発を目指す取り組みが行われてきた。しかし、一部の例外を除き、この出島組織が機能した例は限られている。それはなぜだろうか。

出島組織が徐々に機能しなくなる理由としてまず挙げられるのは、新たな部署に既存の事業評価や人的評価などの社内基準をそのまま移管させてしまう、あるいは、「新しい事業を作る」という曖昧な目的でスタートしてしまうからである。

「新しい事業を作る」という取り組みは一見よさそうに見えるが、その際に、なぜそれまで自社で新規事業が作れなかったのかという問題について、十分に考えが練られていなければならない。新規事業が生まれないという現状を前に、自組織で起きている問題についての観察が十分になされないままに、一般的な解決策を取り入れるだけでは効果がないからだ。

また、社内で正式に承認された施策には正当性が確保され、対外的にも「既存事業以外のことにも目を向けている」という説明ができるので歓迎されやすい。こうなってくると、実行に際して十分な議論がなされることがなく、施策と組織課題との間のギャップがさらに捉えにくくなる。

では、自社の経営課題への掘り下げが浅い状態で出島組織が作られると、どのような問題が生じるだろうか。

出島組織は、新しいことにチャレンジする場所というイメージが強いため、既存事業に不満を持つ若手社員などが集まりやすい。彼らの気概そのものはよいのだが、こうした場に出される事業アイデアは、自社の経営課題や事業課題との接点が少なく、どうしてもアイデア勝負的なものになりやすい。最初はそれでよいかもしれないが、ブラッシュアップがなされないケースも多く、既存の事業部の人たちには「お遊び」のように映ってしまう。

自社の閉鎖的な文化を変えるためにはこうした試行錯誤もある程度必要だと考える経営陣もいるかもしれない。「人材育成の一環として」「長期的な成果につながるから」という見方も、確かに間違ってはいない。

だが、問題の掘り下げが浅いままに、新しい事業を作るという漠然とした目的のためだけに続けてしまうと、おそらく数年後、また同じことが繰り返される。すると今度は、必要な人材も集まらなくなり、メンバー層の間にも徐々に、出島組織に行くのはキャリアとしては負け筋だとの認識が広がり始め、当然、活動範囲を縮小せざるを得なくなる。

そうなると、やがて経営陣も強く短期的成果を求めるようになり、予算規模の縮小を決定したり短期的な成果が見込めるものに活動の重心を移すようになる。出島組織に期待されていた「新領域の事業開発」という当初の目的は、こうしてほぼ完全に失われ、「やはり、うちの会社で新規事業を作るのは難しいんだな」という認識だけが社内に広がってゆく。

新規事業開発が進まない理由

だが、このようなことは避けなければならない。

新規事業開発が成功しにくいことの背後には様々な問題がある。

クリステンセンの議論や本書のこれまでの考察を踏まえれば、既存事業を運営する部門では、新規事業のアイデアそのものが十分に出てこなかったり、たとえ出てきたとしても、既存の組織のそれぞれの分掌範囲から、そのアイデアを実現するために必要な機能が抜け落ちていたりする。

その結果、「誰が事業開発を担うのか」「誰がその製品・サービスを売るのか」が明確にされず、予算も適切に配分されず、実現に至らないということが起きてしまう。

また、市場動向や社会の変化について考える際にも、長期的視点に立って事業ビジョンや戦略構築を図る役割が存在しないことに、なかなか気づけないこともある。それでも既存の組織で実行しようとすると、既存の製品やサービスの品質管理基準で評価せざるを得ず、新規事業開発に大幅に時間がかかった上に、既存の営業人員ではうまく扱えず、苦労の末に作り上げた製品やサービスがほとんど売れないということも起きるだろう。

表層的な問題を既存の解決策で解くだけでは、変革は停滞するばかりである。停滞に直面する人々は、懸命に取り組んできたはずなのに、その取り組みがうまく生かされない。これは悲しいことであるし、乗り越えたい壁であろう。

では、表層化の罠にとらわれることなく、その背後にある重要な課題を掘り下げるには、どうすればよいだろうか。

過去の成功体験を紐解く

1つの実践として示したいのは、これまで蓄積されてきた自社の経験を貴重な財産と捉え、再考してみることである。そこでは複数の異なる立場の人々が「一緒に考える」ことが望ましい。本章ではこの問題について、主に新規事業開発の事例をもとに考えてきたが、これはＤＸや人材開発・組織開発などのテーマでも同様に言えることだ。

変革上の施策の背景にある課題に対して、これまでの成功経験を取り上げつつ、その結果に至る過程を一つひとつ丁寧に掘り下げることで、課題を明確化していくとよいだろう。

一例として、「過去の成功体験を紐解く」という方法について考えてみよう。

変革においては一般的に、過去の成功体験は「悪」だと考えられている。しかし、よく観察してみると、実際は過去の成功体験そのものが悪なのではなく、その体験を通じて作られた分業や仕事の進め方といったルーティンが形骸化し、慣性力が働いた結果、惰性で事業が運営されていることが問題なのである。

過去の成功体験自体が忘れ去られていることも多い。そのため、「あれは運がよかったんだ」とか、「あの人が優秀だったから」「技術的に優位だったから」などと単純化して語られてしまうこともある。

しかし成功体験とは、その組織がうまく機能していた状態を教えてくれるものであり、目に見える成功要因の背後に、実は複雑なプロセスがあったことを示唆するものでもある。このような成功に至るプロセスを掘り下げることで、新たな取り組みをどのように進めるかという問題についても、重要なヒントが得られるだろう。

また、過去の成功体験の棚卸しの副次的な効果として、実は複雑な行為主体により成果が編み上げられているという現実も見えてくる。その経験を通じて、変革を進める当事者の視野も徐々に変わってくるだろう。

新規事業開発に際して過去の成功体験の振り返りを行った、E社のある部門長Mのケースをもとに、この過去の成功体験の紐解きについて考えてみよう。

E社は、過去にいくつかの新規事業開発に成功してきたが、事業ポートフォリオ全体としては、収益性の高い事業が少ないという課題があった。これまでは収益性の高い事業をいかにして作るかという視点で取り組んできたが、そうした事業は、望んだからといってすぐに出てくるものではない。

また、役員たちの新規事業に対する意識もバラバラで、全社的に新規事業にアクセルを踏むという状況にはない。そうした役員たちの意識の低さを映し出すかのように、新規事業の方向性を示す全社戦略も曖昧で、事業部門もどこに注力すべきかがいまひとつよくわかっていない。部門長のMも、既存事業の中で構築されてきた様々なリソースを十分に活かし、本当は、役員たちにもっと真剣に戦略を考えてほしいと思っている。

だが、そうならないのも無理はない。役員とて、将来の方向性が見えないのは同じだからだ。おそらく、いくつかの新規事業を実行して初めて、戦略の道筋も徐々に見えてくるのだろう。そうだとすると、新規事業開発を進めなければならない。だが、そのために必要な方策は限られる。どうすればよいのだろうと思う。

こうした中で、部門長のMは、過去の事業の成功要因を探るために、そのイノベーティブな技術を生み出した新規事業開発のプロセスを掘り下げてみることにした。

まず、事業の成功要因について考えると、次のような特徴を挙げることができた。

・アイデアがよかった
・技術が優れていた
・ローンチのタイミングがよかった
・プロモーションや販売チャネルの構築など、マーケティングも概ね成功した

しかし、これだけでは、「優れた技術の有無」や「タイミングの重要性」といった表層の理解にとどまってしまう。これらはあくまでも結果であって、なぜそこに優れた技術があったのか、よいタイミングでローンチできたのはなぜか、といった組織能力の中身を知ることにはならない。

そこで彼は、もう一段階掘り下げて、成功体験の中身をもっと詳細に観察してみることにした。

すると、次のような問いが浮かび上がってきた。

・どのようにして最初のアイデアに気づいたのか。その過程で、研究開発者はどのような活動を行っていたか

・開発初期段階の社内の反応はどうだったか。誰が事業を進めることを承認したか。その理由は何か
・研究段階の技術を、誰がどういう形で製品開発へとつなげたか。社外企業からのフィードバックや協力体制はあったか
・開発段階にはどんな困難があったか。誰がどうやってそれを乗り越えていったか

これらの問いはいずれも、成功の過程を具体的に探ろうとするものだ。

最初の幼弱なアイデアが実際の事業に結実するまでにはいくつもの段階があり、多様な人とモノが複雑に絡み合う。そのプロセスを一つひとつ棚卸ししてみることで、活用できそうなパターンを探っていくのである。

すると、最初の問いについては、研究開発者はそのアイデアを、社内の親しいメンバーと頻繁にやりとりをする中で思いついたことがわかった。

また、社内の反応についても意外な発見があった。

通常、構造的無能化が進む組織では、自分たちの技術が斬新な商品になりそうだという予感があったとしても、実際に製品化に至ることは少ない。なぜなら、新しいアイデアは従来事業のビジネスモデルとは大きく異なるため、既存の営業部門で販売することが難しい、事業化に必要な技術的

リソースが社内に存在しないなど、製品化に至るまでに様々なボトルネックがあるからだ。

こうしたリソース不足によって、社内の支援が得られずに、開発の初期段階で頓挫してしまうケースを、彼自身これまで数多く見てきた。

ところが、今回のケースで成功しているのはなぜなのか。その理由を探るために、Mは成功した新規事業に携わった当時の人物相関図を作成してみることにした。すると、開発にゴーサインを出し、支援してくれた役員Sの行動が、成功の大きな決め手となっていることがわかった。

そこでさらに、役員Sの行動についても掘り下げてみることにした。

・なぜ、支援したのか

(例)その役員の当時の考えは?/どのような経緯でその考えに至ったのか/過去の経験の中に本件につながるものはあるか

・どのような経緯で、支援が実現したのか

(例)経営課題として長期的に取り組んだ/顧客の視点を重視した/自社の経営資源にないものについては積極的に外部企業の協力を得た/経営戦略上の位置づけを明確にした

その結果、役員Sも過去に同様の経験をし、そのときの上司である役員の承認を得たことで、社内の調整がスムーズになり、事業化へとつながっていたこと、また役員Sが、この製品の全社戦略上の位置づけを明確にし、予算獲得に動いていたことも見えてきた。

これらの動きに呼応して営業部門も一丸となって協働する中で、営業部長Tがその製品の最初の顧客を見つけていたこともわかった。Tは日頃から営業部門の課題に悩み、新製品が自部門の課題の打開策になるかもしれないと考え、積極的に動いてくれたようだ。

1つの技術を製品化する際に、それに関わる複数のキーパーソンが連携して動いていたことが、徐々に見えてきたのである。

このように、自社の成功体験を掘り下げてみることで、自社独自の成功パターンが見えてくることがある。その背後には、自社の守るべき価値基準や固有の経営資源があり、それを生かすことで、新たな価値を生み出すための知恵も得られるはずだ。さらに、自社の経営課題や事業課題、あるいは様々な社会課題や顧客課題との接点も見えてくるだろう。

自社の経験を紐解くことなく既存の解決策を安易に取り入れようとすれば、そこに至る過程で方向性を見失いかねない。これは課題の掘り下げが曖昧なまま、変革を急ぐことで生じる問題でもある。

そうしたことを避け、各々にとって実感のあるものとして変革を進めるには、自社の経験を貴

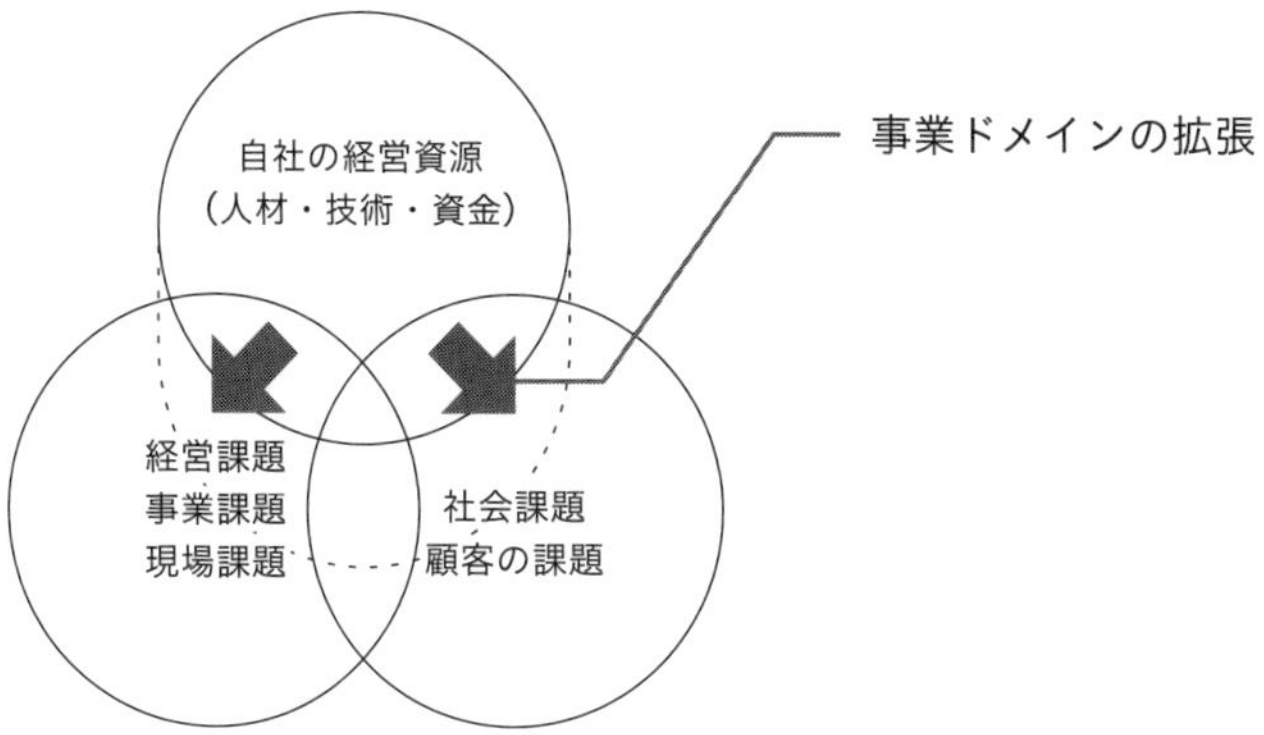

図5-1　事業ドメイン拡張の考え方

重な財産として活用することもまた、必要な取り組みとなるだろう。

自社のリソースと課題の接点を見出す

過去の成功体験の振り返りから見えてくる事業ドメイン拡張の考え方についても触れておきたい。その構図は、図5－1のようになるだろう。

「自社の経営資源」「経営課題・事業課題・現場課題」「社会課題・顧客の課題」の3つの重なる部分に、自社の新規事業の可能性があることが見えてくるはずだ。

自社の様々な経営資源を生かして事業を拡張していくには、企業における課題と顧客や社会の課題との接点を見出す必要がある。ただし、この三者がすでに結びついているものを実行するわけではないことに注意してほしい。新規事業に至るような自社のリソースと、社内の課題や社会課題とは、もともと既存事業の中で結びついてはいない。だから事業化がなされていないのだ。

新規事業開発、ひいては事業ドメインの拡張は、これらが結びつくことによって初めて可能になる。そしてその結びつきが、起案者のみならず、各階層・各部署の努力によってそれぞれに生み出され、統合されていくことが重要であろう。

章のまとめ

「多義性」とは、ある事象に対して多様な定義が可能であることだ。組織は成熟するにつれて、物事の多義性を捉えにくくなり、感知すべき外部環境の変化も「よくあること」として見過ごすようになる。

この問題に対しては、これまでも多くの研究者によって組織構造論的なアプローチが示されてきたが、本章で取り上げたのは、「問題があることが認識できない」という問題である。企業変革を進める上では、自動思考的な問題解決をするのではなく、問題そのものを見出していく実践のプロセスそのものが重要になる。
その際、自社の過去の成功体験を紐解くことも、自社の強みを知り、自分たちが直面する様々な問題に対処する上で、１つの貴重な手段となるだろう。

column

ドラッカーと保守思想

本書で述べていることは、保守的な変革の思想と実践である。
「保守的」というと、どこか変革とは反対の意味を持つ言葉のように響くかもしれない。確かに、近年の様々な社会課題に対し、変革に反対する立場を「保守」と呼ぶことから、そのような認識を持つことも無理はないだろう。
だが、本来の意味での「保守」とは、自らの不完全さを認め、たゆまぬ変革を積み重ねようとする思想である。[5]
「保守」または「保守主義」とはもともと、「保守思想の父」とも呼ばれる18世紀のイギリスの国会議員エドマンド・バークが、フランス革命のような理想社会の実現のために現状を変えようとする思想を批判したことに始まる。[6] 人間が過度に理性を信頼することは、人間の理性のみに還元し尽くせない政治的・文化的な伝統を否定する態度であると、バークの目には映ったのである。

このような思想は後にマイケル・ポランニーにも引き継がれ、「知の暗黙的次元（tacit knowing）」の議論へとつながる。[7]

例えば、私たちは「何かをわかる」ということを、形式的な知識に還元し尽くすことはできない。それに対し、ポランニーは、自分の理性の限界を認め、わからない中にあっても、何かがあるのかもしれないという信念を持って世界に働きかけることで、はじめて何かをわかることができると説いた。そして、この暗黙的な次元の知を形式化してわかったつもりになることは、世界を理性に還元できると考える誤った態度だとして批判したのである。

大切なことは、私たちが理性的に理解していることの外側に、何か新たな理解の地平があるという態度を常に持ち続けることであろう。そして、このことは、人々の目を「対話」へと向けさせるものであると私は理解している。

他者を媒介にして、「私」の理性の枠組みの外側に、何らかの新たな発見があるということ。それは単なる理想主義ではなく、現在の「私」が立っている場所から始まる新たな発見への旅路であるとも言えるだろう。

ドラッカーは、その初期の著作『「経済人」の終わり』と『産業人の未来』において、１９３０年代のヨーロッパに生きた自らを、ファシズムや共産主義が掲げる理想主義、あるいは革命主義に相対する「正当保守主義者」であると述べた。[8] そして、自らの変革に対する考えを次のように示している。[9]

正当保守主義とは、明日のために、すでに存在するものを基盤とし、すでに知られている方法を使い、自由で機能する社会をもつための必要条件に反しない形で具体的な問題を解決していくという原理である。これ以外の原理では、すべて目を覆う結果をもたらすこと必定である。（中略）

完璧な青写真なるものは、二重に人を欺く。それは、問題を解決できないだけでなく、問題を隠すことによって本当の解決を難しくする。（中略）

われわれは、未来を語る前にいまの現実を知らなければならない。なぜならば常に現実からスタートすることが不可欠だからである。しかもわれわれは、すでに手にしているものによって、はじめて必要とするものをつくりあげることができる。手にしていたいものを発明することからスタートすることはできない。

現在われわれが手にしている制度をよりよく、しかもより多く使うことこそ、われわれに課された責務である。それらのものが建設的な目的に役に立たないとき、さらにはそれらのものがいかに手直ししようとも役に立たないとき、新しい解決策を使うことが許される。

たとえ保守主義のアプローチをとろうとも、なおかつ、新しくつくるべきもの、刈り取るべきものは、一つの世代にとっては忙しすぎるほどに多い。

われわれは大胆でなければならない。しかし大胆さのための大胆さであってはならない。われわれは、分析においては革新的、理念においては理想的、方法においては保守的、行動においては現実的でなければならない。

この記述に従えば、ドラッカーが人間の理性の限界を認める実践として、「顧客の創造」という概念を経営の中枢に据えたことはとても納得がいく。それは顧客という他者を通じて、自分たちの見ている現実を刷新しつつ、人々が社会に参画する可能性を拓くものであるからだ。

同時に、今自分が手にしているものをどう生かすかという問題意識が、そこには存在している。私たちは自ら手にしているものをもう一度、様々な現実の中で捉え直し、生かせる筋道を探るしかない。先に述べた「過去の成功体験の紐解き」もぜひ、そのようなものとして考えてみていただきたい。

ドラッカーの『イノベーションと企業家精神』を読めば、日々の仕事の中での意外な発見やギャップを生かし、たゆまぬ変革の一部としてイノベーションを位置づけていることがわかる。[10] クレアモント大学ドラッカー・スクールのジェレミー・ハンターによれば、ドラッカーは革命的な変化ではなく、イノベーションを積み重ねることによって、社会を健全に保つことができると考えていたという。[11]

私たちの理性は、意図せず何らかの考え方の枠組みに埋め込まれている。それは「ナラティヴ」とも呼ばれる、日常における常識の枠組みである。企業の中ではそれが様々な評価制度によって正当化されているため、部門間や組織の内外で、枠組みの食い違いが生じやすい。

企業変革とは、この食い違いに伴う様々な破れをなきものにするのではなく、新たな発見の機会として生かすことである。制度を変える必要に迫られることもあるだろう。だが、それは世の中で大事だと言われているからではなく、その制度の中に、現状では乗り越えられない課題があるからである。

課題が何であるかを知るという行為は、裏返せば、自分たちの生きている世界に向き合い、その可能性を探求し、そこから何かを学ぼうとすることである。そのことの誠実さの中に、対話の精神は宿るのではなかろうか。

---

1 Porter, M. E. "What Is Strategy?" *Harvard Business Review* 74, no.6 (November–December 1996): 61–78.（マイケル・E・ポーター『［新版］競争戦略論Ⅰ』竹内弘高監訳、ダイヤモンド社、２０１８年）

2 Freiberg, Kevin and Jackie Freiberg.(1996). *Nuts!: Southwest Airlines' Crazy Recipe for Business and Personal Success*. Bard Press.（ケビン・フライバーグ、ジャッキー・フライバーグ『破天荒！——サウスウエスト航空—驚愕の経営』小幡照雄訳、日経ＢＰ、１９９７年）

3 Christensen, Clayton M.(1997). *The Innovator's Dilemma, When New Technologies Cause Great Firms to Fail*. Boston. Harvard Business School Press.（クレイトン・クリステンセン『イノベーションのジレンマ——技術革新が巨大企業を滅ぼすとき』伊豆原弓訳、翔泳社、２０００年）

4 Pfeffer, J. and G. Salancik.(1978). *The External Control of Organization: A Resource Dependence Perspective*. Harper

& Row.

5 保守思想については以下を参照。宇野重規『保守主義とは何か――反フランス革命から現代日本まで』中公新書、２０１６年、Kirk, R. (1986). *The Conservative Mind*, Revised Edition. Regnery.（ラッセル・カーク『保守主義の精神 上・下』会田弘継訳、中公選書、２０１８年）

6 Burke, E. (1790). *Reflections on the Revolution of France*. James Dodsley.（エドマンド・バーク『フランス革命についての省察』二木麻里訳、光文社古典新訳文庫、２０２０年）

7 Polanyi, M. (1958). *Personal Knowledge*. University of Chicago Press.（マイケル・ポラニー『個人的知識――脱批判哲学をめざして』長尾史郎訳、ハーベスト社、１９８５年）。ポランニーについては以下も参照。佐藤光『マイケル・ポランニー――「暗黙知」と自由の哲学』講談社選書メチエ、２０１０年、Toulon, S. (2001). *Return to Reason*. Harvard University Press.（スティーヴン・トゥールミン『理性への回帰』藤村龍雄訳、法政大学出版局、２００９年）

8 ドラッカーと保守主義との関係については、仲正昌樹『思想家ドラッカーを読む――リベラルと保守のあいだで』（ＮＴＴ出版、２０１８年）に詳しい。

9 Drucker, Peter D. (1939). *The End of Economic Man : A Study of the New Totalitarianism*. The John Day Co.（Ｐ・Ｆ・ドラッカー『「経済人」の終わり』ドラッカー名著集9、上田惇生訳、ダイヤモンド社、２００７年、同『産業人の未来』ドラッカー名著集10、上田惇生訳、ダイヤモンド社、２００８年）

10 Drucker, Peter D. (1985). *Innovation and Entrepreneurship*. Harper & Row.（Ｐ・Ｆ・ドラッカー『イノベーションと企業家精神』ドラッカー名著集5、上田惇生訳、ダイヤモンド社、２００７年）

11 ジェレミー・ハンターと筆者の対談については以下を参照。https://newspicks.com/news/4780925/

第6章

「進まない」壁を乗り越える

——組織の「複雑性」に挑む

「意見の相違が何であるかを知るまでは、その相違を統合することができない」

（メアリー・パーカー・フォレット『組織行動の原理』）

第6章

「進まない」壁を乗り越える

――組織の「複雑性」に挑む

「意見の相違が何であるかを知るまでは、その相違を統合することができない」

（メアリー・パーカー・フォレット『組織行動の原理』）

前章では、組織の問題の多義性が認知できないことで変革の手がかりが得られない状況を読み解き、それを乗り越えるための考え方も紹介してきた。

表層的な問題の背後にはより複雑かつ重要な問題があるという組織の問題の二重性を捉え、変革に踏み込むには、それがどのような経緯で生じてきたのかを探る必要がある。様々な問題には、その問題が生じる必然性やプロセスがある。例えば、特定の部署や人が問題であれば、その部署や人の問題が生じる必然性やプロセスを読み解いていくことは、とても価値のあることだろう。

組織の問題が日々の実践の結果であり、ある意味でその企業の成功の代償だということは、第3章で紹介した、新規事業開発が進まないB社の事例からも窺い知ることができる。若手のアイデアをうまく受け止められない事業部長も、自社の問題が見えていない経営層も、その組織が事業運営に取り組んできた成果であり、必然なのである。

「変革が進まない」とはどういうことか

前章の最後で、過去の成功体験を紐解き、変革的な意義を発見していくことによって、表層的な問題の背後にある複雑な問題を探る実践について、具体的に考えてきた。

では、自分たちが取り組むべきことがある程度考えられるようになったとして、次に直面するのはどのような問題だろうか。

それは、物事が「進まない」という問題である。

例えば、DXなど、変革上の施策が実行されない、新規事業開発に対して事業部門から積極的な協力が得られない、中期経営計画に基づく変革が各事業部門で実行されないといったことは、日々多くの企業で起きている。経営層や変革を進めたいコーポレートの各部門には、変革施策に対して事業部門やメンバーの理解と意欲が不足していることが原因で進まないように見えるという問題がここでは頻発する。

一般に、施策の浸透・実行段階で、このような問題が生じるのはなぜだろうか。本章では、次に示す変革が進まない2つの理由をもとに、組織の複雑性の問題について考えていきたい。

変革が進まない1つ目の理由は、役員や経営者など、決定権のある立場にある人の中で、戦略が明確になっていないからである。これは例えば、「変革の方向性が決められず、戦略と呼ぶには程遠い」「現状維持に過ぎない」といった問題である。

このように戦略の明確性が低い理由は、2つ考えられる。1つは、いくつかの戦略的なオプションがある中で何を選べばよいかがわからないという、経営者の腹が決まらない場合、そしてもう1つは、そもそも戦略が単なる目標の提示にとどまっている場合である。

戦略が明確でなければ、施策の実行を求める際も、中途半端なメッセージになりやすく、物事が円滑に進まない。その結果、ミドル層やメンバー層は、変革せよと言われても、何をすればよいかがよくわからない。そして、人々の努力が散逸してしまい、思うような成果が得られないという悪循環が起きる。

変革が進まない2つ目の理由は、変革施策の実行に際し、他の部門・部署の協力が十分に得られないからである。組織内の利害関係が複雑に絡み合い、物事を進められないなどのケースがその典型例であるが、実際に起きる問題は、対立が表面化せずにくすぶり続けるような、もっと地味なものであろう。

それは例えば、複数部署が協力し合い、変革施策や新規事業開発などを行うために、コーポレート部門を含む他の部署に協力を求めるが、具体的な意向を伝えても最低限のことをするだけで、積極的な協力は得られないなどのケースである。これでは結局、新しい取り組みを進めることはできない。

なぜ、こうした「進まない状況」が生じるのだろうか。

●進まない理由1　戦略が明確にならない

「戦略が明確にならない」という問題は、なぜ生じるのだろうか。

まず、戦略とは何かという点について、いま一度考えてみたい。

経営戦略論の大家であるリチャード・ルメルトは、著書『戦略の要諦』の中で、戦略についてこう定義している。[1]

戦略とは困難な課題を解決するために設計された方針や行動の組み合わせであり、戦略の策定とは、克服可能な最重要ポイントを見きわめ、それを解決する方法を見つける、または考案することにある。

例えば、イーロン・マスクが行っているスペースXの宇宙開発事業では、宇宙を目指すという目標は戦略ではない。目標数値を明示したり、目的の意義を説明することもまた、戦略ではない。

彼の戦略とは、可能性のある事業機会に対し、宇宙船のコストが高すぎることを最重要ポイントとして見きわめ、その解決のために、大気圏再突入時のスピードをコントロールすることで、宇宙船を再使用する方法を考え出したことである。そしてそのためには、課題の優先順位を決め、自分たちが活用できるリソースを把握し、そこに努力を集中させなければならないと、ルメルトは指摘する。

例えば、新たな事業機会が見えかけたとき、その可能性を実現するための課題が何であるのかを考え尽くして初めて、戦略は明確になる。

しかし、現在、様々な企業で戦略として示されているものの多くは、自社が行おうとしていることの概要とその数値目標の提示にとどまり、実際には戦略になっていない。昨今行われているコーポレートガバナンス改革のように、社会的要請に応える内容を戦略として掲げるようなケースも少なくない。

このような戦略の明確性の低さの背後には、自組織の機会や課題への理解が浅く、それらを捉えた変革の方策が考えられていないという問題がある。

決定する立場の人の腹が決まらないことについても考えてみよう。腹が決まらないとは、実行しようとする施策に迷いがある状態のことである。

例えば、あなたはある事業全体の責任者で、新たな事業戦略を考えたが、この戦略を本当に実行してよいのかについて、迷いがあるとしよう。迷いがあって決められないのは、上の立場の人々に限ったことではない。ミドル層においても頻繁にあるだろうし、何かを起案する立場にある人には大なり小なり起きうることだ。

では、その戦略を実行することに対して腹が決まらないのはなぜだろうか。

それは、自分が見ている問題と、戦略を考えなければならない状況とのつながりが、いまひとつ捉えられていないという漠然とした実感が残っているからであろう。

総じて、戦略の明確性が低くとどまる問題の背後には、戦略を考える際に、今起きている問題についての掘り下げが十分になされていないという、表層化の罠が潜んでいる。

戦略の明確性が低くとどまるのはなぜか

戦略の明確性を上げるには、事業の課題をしっかりと掘り下げ、メンバーが日々の仕事の中で発見した市場の変化や新たな機会をいち早く掴み、重要課題を見きわめ、その道筋について具体的な構想を練るという、一連のプロセスを実行することが求められる。つまり、日頃から様々な情報をもとに自分たちの課題をよく掘り下げ、世の中の変化の兆しに対して先手を打てる状態でなければならない。

一方、日頃から事業について狭い範囲でしか見ていなければ、組織内の情報の流れも滞り、明確な戦略を打ち出すことができず、その結果、仕入れた課題の量が十分ではなかったり、具体的な課題もつかみきれていないといったことが起きる。にもかかわらず、その曖昧な状況の中で解決策を考えようとするので、状況はさらに悪化する。

では、新たな戦略を考えることが必要になるのは、どのような状況だろうか。

1つは、新たな事業機会が見出せそうな場合、そしてもう1つは、事業が大きなダメージを負うなどの切迫度が高い場合である。一方、定期的な中期経営計画策定の段階で、新たな目標達成に向けて戦略策定が求められる場合など、ルーティンとして求められることもある。

事業機会の発見をきっかけとした場合、優れた戦略をいかに早い段階で考え尽くせるかが、その事業機会を新たな事業へと育てられるかどうかの決め手となる。その実現のためには、自組織の課題を明確にして必要な解決策を考えられなければならない。

事業の大きなダメージに対しては、明確なトリガーがあるため、問題がどこで起きているのかを分析し、必要な手段を考える道筋は、ある程度見えている。この場合には比較的迷いは少ない。なぜなら、戦略の中身について迷っている時間的余裕もないし、問題が明確なので、戦略を転換することについて、メンバーの理解も得られやすいからである。また、自分に見えている事業課題と目の前の状況が比較的近いため、確信を持って戦略を提示することができる。

一方、実際に多くの企業に見られるのは、設定目標達成のために戦略を考えるような場面だろう。このようなケースではどうしても戦略が曖昧なものになりやすい。

目標数値を設定するのは主に経営企画部門で、事業部門ではない。だが、その数値を達成しなければならないのは事業部門である。中期経営計画で示した数字達成のために、事業部門が後から戦略を考えることもあるかもしれない。

このような場合、なぜ、戦略の明確性が低くなってしまうのか。

それは事業部門長の認識している課題と、計画上の目標との接点が見えにくいからである。中期経営計画の数字は、経営企画部門や経営層としては、自社の将来や時価総額を考えれば、この数字を掲げざるを得ないという理由で示したものであろう。これは株主の信頼や期待を得るために必要なことでもある。

例えば、長らく利益率が低迷していれば、利益率目標を高く設定したり、売り上げが低下傾向にあれば、10年後には500億円を積み上げるといった数値目標が掲げられたりするだろう。これは経営企画部門にとっては妥協の数値であっても、事業部門には、高めの数値目標が降ってきたように感じられることがある。なぜなら、事業部門にとってこの目標は、自部門の事業課題から導き出されたものではないからだ。

つまり、事業部門の課題という観点では、必然性や納得性が低い目標なのである。そうなると当然、限られた時間やプロセスの中で戦略を考えることになり、結果的に新たな戦略と事業課題との接続が悪くなってしまう。

別の角度から見れば、これは戦略を実行することが現在の事業課題とどう結びつくのかがよくわからないまま、実行のフェーズに移らざるを得ない状況である。そうなると経営層の目には、中期経営計画を示しているのに変革が進んでいないように映る。

とはいえ、事業部門としても計画を決定した以上、目標未達では問題であり、事業の変革が必要であることに疑いはない。だからこそ、これを機に何らかの方策を考えなければならないのだが、かと言ってすぐに妙案が出てくるものでもない。このため、どうしても対応が後手に回りがちである。

また、その戦略に対し、執行役員レベルの事業責任者が明確な戦略を構築できなければ、メンバー層の心を動かすメッセージを発信することもできない。

そうなると、メンバー層も指示されたことをやるだけという受け身の姿勢になりやすく、その意義について深く考えることもなく、ただ数値目標達成のために仕事をすることになる。これはメンバー自身にも問題がないわけではないが、その行動パターンは事業責任者とあまり変わらない。

結局、上が目指すところが明確にならなければ、現場は動きようがないのである。こうして、現場は実行段階も曖昧さの中に放り込まれ、必要な変革が「進まない」という問題が生じる。

悪循環の中で疲弊する組織

このような状況下で、事業部門は、常に数値目標に追われることになる。「変革疲れ」と呼ばれるものの多くは、このように先手を打って考えられないことで生じるものだ。

当初掲げられた数値目標が未達になることも少なくない。目標未達が見えてくるにつれて、社内では数値目標と現実との間のダブルスタンダードに苦しむことになる。ダブルスタンダードが生じること自体はやむを得ない側面もある。理想の数字を掲げ続けても実現性が低いならば、実現性の高いところでできることをするしかないからだ。だが、これはもはや変革とは遠いものである。

対応が後手に回っていると重要な事業課題について十分に考えられず、当座をしのぐための内容にとどまる。そうなると現場は、大事なことが考えられずに、ただ目先の数字に追われて次の中期経営計画策定までの時間を過ごすことになる。

こうして現場には徒労感だけが残り、事業状況は悪化し、変革は進まないまま、組織全体が疲弊していく。

さらに、中期経営計画の数値目標が未達になれば、経営層や経営企画部門も成果が出ないことに焦り、次期計画でも、妥協の産物ながらも難度の高い数値目標を設定せざるを得ない。事業部門は前期同様に新たな数値目標に追われるが、大事なことを考えられていないという状況は変わらないため、また同じことが繰り返される。

違いといえば、この悪循環が繰り返される中で、その組織は確実に衰退していくということだ。変革したかったのに、かえって状況は悪くなる。

このようなことはもう終わらせなければならない。

組織の構造的問題にどう取り組むか

一見するとこれは、個人の思考力の低さの問題のようにも見える。だがそれは原因というよりも結果である。構造的無能化の1つの帰結として個人の思考が止まってしまったと解釈すべきだろう。

これは階層を問わず、すべての人々に起きうることだ。全社的な経営の視点で役員が自事業の方向性を考えられないのは、組織の断片化が放置された結果である。全社戦略や社の方向性が曖味であることを薄々問題だと感じながらも、問題が考えられることなく放置されてしまっているという構造的な問題が、ここには起きている。

では、この状態から変革を進めるにはどうすればいいだろうか。

基本的には2つの方法がある。1つは部門・部署の違いを超えて一緒に考えること、そして、もう1つは個々人の思考の習慣を変えることである。

一緒に考えるとは、事業部門の中だけでなく、経営企画部門や人事部門など、コーポレート部門のメンバーとも協力しながら、起きている問題を徹底的に掘り下げ、状況打開のために必要な戦略を考えることである。

また、思考の習慣を変えるとは、起きている問題に対して、現在の組織メンバーの中でできることを見つけようとすること、そして、そこから解決のヒントを探す習慣を構築することである。

まず、1つ目の「一緒に考える」という方法について、見てみよう。

先述の中期経営計画をめぐる悪循環は、自事業の問題を十分に掘り下げられていないことで生じていた。また、その状況がうまく捉えられないのは、比較的安定した事業環境の中で組織の断片化が進み、構造的無能化が生じた結果である。このまま当該事業の役員だけに対応を任せていても、思考の幅が狭まっているため、状況を改善していくことは難しい。

この場合の当事者には、事業部門だけでなく、中期経営計画をまとめる経営企画部門や、人材育成を行う人事部門も含まれるため、これらコーポレート部門のメンバーと一緒に考えることが望ましい。コーポレート部門は事業部門とは異なる視点を持っているので、双方が互いの視点を経由して状況を捉え直すとよいだろう。

例えば、次のように考えていくことが望ましい。


F社のある事業部門は長らく事業領域が変わらず、新規事業でも目立った成果がなく、競合他社との競争の中で厳しい状況に置かれている。

だが、新たな打開策を考えようとしても、既存事業の慣性力が働いてしまう。これまで蓄積してきたノウハウを生かし、新たなサービスを展開しようとするのだが、部長以下のメンバーは、従来事業の延長線上で考えてしまう習慣がどうしても抜けない。

顧客像についてもしかりである。「一体誰が、誰に、どうやって売るのか?」というような目先の心配が先に立ち、後ろ向きの意見ばかりが目立つ。現場では、重箱の隅をつつくような手続きに目がいってしまい、肝心な事業価値の構築に対しては、有用な意見がほとんど出てこない。

あるいは、既存事業での経験を生かして、高付加価値領域への事業展開を考え、そのためのスキルをどう構築していくかを議論をしていても、期日に間に合わせるにはどうすればいいかといった目先の問題にばかり意識が向いてしまう。そのため、新しい事業に必要な能力とは何か、それを習得するにはどうすればいいかという、肝心なことが議論されない。

これでは事業部門の担当役員も変革の道筋が見出せないし、たとえ構想できたとしても、実行に至るまでに多くの課題を乗り越えなければならない。

問題解決の糸口を探る

このような状況で、はじめから背後にある重要な課題を見つけようとすることは、ほぼ不可能だ。そのため、まずは表層的な問題を別の視点で捉え直し、そこから事業の将来的な方向性を構想する上で役立ちそうな材料を見つけていくことが望ましい。

具体的には、次のような問題の掘り下げを行うとよいだろう。

1. 自社の従来の事業の顧客はどんな人々で、その顧客にとっての価値は何か
2. 新規事業の顧客として想定されるのはどんな人々で、その顧客にとっての価値は何か
3. どのような事業を展開しようとしているのか、そこで必要となる人的能力とは何か

例えば、今取り組んでいることや、これから取り組もうとしていることの意義と、顧客にとっての価値を再考し、表層化の罠から逃れるために、これらの問題について、いつもとは違うメンバー構成で考えてみる。

この場合の表層の問題とは数値目標達成のための方策を考えることであるが、それはいったん脇に置いて、その背後にある、より重要な問題に、メンバーの視点を向けさせる必要がある。[2]

まず、1の問いについて考えてみよう。ここでは自事業について、顧客の視点で捉えることが求められる。従来事業の成長が鈍化しているにせよ、「自社の製品やサービスを、顧客はどういう理由で買っているのか」がクリアになると、新たなアイデアが生まれてくるかもしれない。

1の問いを掘り下げられれば、2や3についても、新たな視点で議論できるようになるはずだ。顧客の視点で問題を考えられるようになれば、自社事業の捉え方も徐々に変わってくるだろう。

次に、表層の問題の背後にある課題にさらにもう1歩踏み込むには、今見えている問題について、次のように考えてみるとよいだろう。

4．いつ頃から、どのような経緯で利益率が低下してきたのか

5．新規事業のアイデアをうまく育てられなかったのはなぜか。その際、具体的にどのようなエピソードがあったか

6．新規事業を展開する際に、どのような課題があるか

ここでは、問題のプロセスを振り返りながら考えることが決め手となる。4では、あえて「なぜ」ではなく「いつ頃から」という時間軸を含む視点を取り入れ、5については、具体的なエピソードをもとにそのプロセスを振り返っている。

そして、4と5を踏まえれば、6の課題も見えてくるだろう。具体的な施策を考えることで、また違った方法も見つかるかもしれない。

もちろん、1から3を考える前に4、5を考えてもいいし、1から6までを掘り下げた後で1から3に再び戻ってもよい。必ずしもこれらの順序や論点に縛られる必要はない。重要なのは、従来の認知の枠組みから一度離れて考えること、そして、新たな視点で有用な掘り下げができるかどうかである。

尚、この段階で、事業部以外のメンバーが注意すべきことは、既存事業のＫＰＩなどで考え、処理しようとする慣性力が働いていないか、モニタリングすることである。そうした傾向が見られる

場合は、そもそもこれは何を考えるための取り組みかを意識させるような投げかけをしたり、「実際にどのような問題が起きているのか」などと問うことで、具体的な問題に目を向けてもらう。

あるいは事業責任者が日々経験している問題を掘り下げることで、組織の構造的な問題が見えてくることもある。このような場でも事業責任者がそれを自部門のメンバーの「意識の問題」として捉えてしまうことがある。

事業責任者はメンバーの離職やモチベーション低下などに対処しようとしているようにも見えるが、実は、事業責任者自身も何が問題かわからずに困っていることが多い。

戦略を考える場で「意識の問題」が出てくるのは、人々がその困り事の前で立ち止まり、その先のことを考えられなくなっているからである。こうした状況で構想力を持てと言われても難しいだろう。

このような場合は、現状をどう扱うのかを考えるところに実践の1歩目がある。現状を解決すべきものではなく、背後に潜む大切な問題を知るためのものとして捉えることが大切である。

「ポジティブ・デビアンス」を見つける

このような場面で1つのヒントとなるのは、「ポジティブ・デビアンス（ポジティブな逸脱者）」という考え方である。セーブ・ザ・チルドレンのディレクターでもあったジェリー・スターニンらが提唱したポジティブ・デビアンスとは、「困難な状況において、例外的にその問題を乗り越えてポジティブな行動をとる人」あるいは、「困難な状況から逸脱した人」を意味する。

スターニンらが実際に行った途上国支援の例を紹介しよう。

ベトナムのある農村では、子供の栄養失調が長年の課題となっていた。これまでも外部の支援者が人々の健康状態を改善するための介入を試みてきたが、残念ながら、それが根づくことはなかった。

一方、スターニンらがこの村で最初に取り組んだのは、比較的栄養状態のよい子供のいる家庭を見つけることだった。実際に探してみると、ごくわずかながら参考になりそうな家庭が見つかった。スターニンらが彼らの生活をよく観察してみたところ、子供に必ず手を洗わせていること、その村ではあまり食べられることのない、田んぼのエビやカニを母親が子供に食べさせていること、通常は朝晩1日2回の食事に対し、数回にわけて食事を与えていることなどがわかった。

これらの取り組みは、いずれも比較的容易に実践できることであった。そこでスターニンらはその手順を整理し、他の家庭でも取り組めるようにした結果、村中にこの習慣が普及し、子供の栄養状態が改善したのである。

このポジティブ・デビアンスはきわめて対話的なアプローチである。なぜなら、支援する側が解決策を提示するという関係性をいったん脇において、その問題に対して行動できる存在として相手を認め、注意深く観察しているからである。

では、実際の企業に、このポジティブ・デビアンスの考え方を取り入れてみると、どうなるだろうか。

G社のある部門では業務負荷が大きく、新しい打開策につながるアイデアを持つメンバーもいないように見えた。しかし、その部門をよく観察してみると、高いパフォーマンスを出しているメンバーが例外的にいることがわかった。

そこで、そのメンバーの行動をよく観察してみたところ、他のメンバーは複数の顧客に対してほぼ一律の対応をとっていたのに対し、その人物だけが顧客を独自の基準で分類し、それに沿って必要なアクションを使い分けていることが明らかになった。

この発見を手がかりに、さらに職場を観察してみると、形になりそうなアイデアを持っている若手社員が何人かいることも徐々に見えてきた。この行動基準の違いが、事業戦略を刷新する上でも、何らかのヒントになりそうだ。

こんな小さな気づきがどこまで役に立つのかと思う方もいるだろう。

もちろん、これだけで企業変革が実現できるわけではない。だが、この小さな発見を掘り下げてみることで、変革が進まないという問題に取り組む際に必要ないくつかのポイントが見えてくる。

第一に、ポジティブ・デビアンスの考え方で興味深いのは、これまでにない解決策のヒントが見つかることである。このG社の例で考えるならば、人員を増やす、人事制度を変える、といった従来の対処にはない方策が見えてくる。しかし、これだけでは表層的問題への手がかりを見つけたに過ぎない。

そこでポジティブ・デビアンスを見つけるという視座に立って状況を掘り下げてみると、事業責任者が自事業のメンバーに対して向ける視点が変わる。これが2つめの興味深い点だ。

低迷が続く部署の事業責任者は、どうしても自部門のメンバーは頼りにならないという考えに陥りやすい。だが、このポジティブ・デビアンスの視点で自らの職場を捉え直してみると、事業責任者の「意識が低く、対処策を考えようとしない問題だらけのメンバー」という見方が、「問題に対してユニークな工夫ができるメンバー」へと、少しだけ変化する。それによって、メンバーが直面している課題についての理解も深まるため、その先の打開策を考える上でも、重要な手がかりとなるだろう。

また、変革を支援するために本社から来た外部メンバーも、事業部門に対してただ一方的に変革を迫るのではなく、事業部門の中で何かキラリと光るものをともに探し、悩み、考える人という、支援する存在へと変わることで、変革に必要な行動や思考が生じるようになる。

さらにもう1段階掘り下げてみると、ポジティブ・デビアンスと呼べるメンバーの行動に、事業の打開策のヒントがあることも見えてくる。

例えば、「顧客を一定の基準で分類する」という行動を通じ、現場で直接顧客と接するメンバーのみが捉えることのできる微妙な顧客ニーズの違いがあることに気づけるかもしれない。あるいは、分類された顧客ごとに自社の提供する製品やサービスの持つ価値を考えると、新たな市場の可能性にも気づけるかもしれない。

このように、目の前の現象を深く掘り下げてみると、これまで気づかなかった事業変革や戦略の手がかりに行き当たることがある。ポジティブ・デビアンスは数多ある考え方のうちの1つだが、ここから見えてくるのは、問題自体に対処しようとするのではなく、問題を1つの変革の入り口として捉えるという視座の転換である。[4]

もちろん、問題の複雑さの度合いは、組織ごとにまちまちである。だが組織においても、小さなステップを足がかりに、本社と事業部、あるいは、事業責任者とメンバー層をつなぎ合わせる取り組みを重ね、組織の断片化がもたらす思考と行動の不全化から抜け出す習慣を確立しておく必要があるだろう。

尚、こうした取り組みには、長期的な変革のために重要な点もある。1つは、現場で起きている問題について、関係者が深く知ることができるという点、そしてもう1つは、これらの取り組みが、より大きな変革を構想する際の重要な手がかりとなる点である。後者については例えば、社会課題と新たな事業アイデアを結びつけて構想する場合、アイデアの掘り起こしだけでなく、アイデアが具体化しない理由や戦略構想と実行のための支援体制を考える上でも、重要な示唆が得られるはずだ。

変革とは、当事者が自発的に考え、顧客価値の創造や社会課題について、率先して取り組めるようになることである。上から対処策を講じるだけでは、当事者は受け身になりやすく、自発的に考えようとしなくなる。これでは変革の実現には至らない。

また、変革が滞っているという理由だけで、大規模な組織変更や新たな制度の導入を急ぐことも、当事者の自発性という点では望ましくない。なぜならそれは、表層の問題解決策を講じることによって、背後にある、本来手をつけるべき課題を先送りしているだけだからだ。

先述のとおり、実際は、経営企画部門などの変革施策を講じる側の人々も、事業部門で起きていることをよく把握できていないことも多い。そのため、組織の構造的な問題に対しては、各人がそれぞれの立場でできることを見つけていくことが何より重要である。

●進まない理由2　他部門の協力が得られない

ここまで、「戦略が明確にならない」という変革が進まない1つ目の理由について考えてきた。

次に、もう1つの進まない理由、新たな戦略や方策、事業を考えて実行しようとしても、他の部門・部署の理解や協力が得られないという問題はどうだろうか。この問題は、新規事業開発部門などが既存の事業とは異なる取り組みを推進しようとする場合に生じやすい。

何のための新規事業か

ここで改めて、新規事業開発の意義について示しておきたい。

新規事業を生み出すことは、企業にとってきわめて重要な活動である。全社戦略という観点では、あらゆる事業には必ずそれぞれのライフサイクルがあるため、必要に応じて事業ポートフォリオを拡充したり組み替えたりすることは、事業を長く持続させるために不可欠である。

また、新規事業を作ることは、組織能力の構築という点でも重要だ。事業と組織の能力は表裏一体である。新規事業を作ることは、その企業の事業ポートフォリオを変革するだけでなく、技術やノウハウの蓄積、人的な能力の構築にもつながる。さらに新たな事業領域への理解も深まり、事業を展開する能力も備わっていくだろう。

新規事業開発を進める際に、従来の制度を変える必要性が生じることもある。

例えば、ある新規分野のスペシャリストを採用する際に、旧来の給与体系を変えなくてはならないケースもあるだろう。そうした経験の一つひとつが、コーポレート部門の管理方法を刷新する貴重な契機となる。それは企業の環境変化への適応力を高めることになるはずだ。

従来の組織能力を少し上回る新規事業を作ることは、その企業の組織能力を高める上で非常に重要である。この好循環をどう持続させていくかということが変革の鍵となるだろう。

しかし、実際にこうした取り組みをスムーズに進めることは難しい。

例えば、新規事業開発部門を作ってはみたものの、事業部門から人を出してもらえない、周囲の協力を求めても思うような協力が得られない、といったケースがその典型である。

また、新規事業開発部門では短期的な利益が出ないことが多く、予算達成に追われる他の事業部門から「金食い虫」とみなされてしまうこともある。そうなると他部署の協力も得られず、新たな部門を作っても成果が出ないということが起きてしまう。これは、既存事業の慣性力が強く働き、そこに必要な方策が講じられないことで生じる問題である。

本来はこのような状態だからこそ、既存の事業の枠組みを超えて、新たな事業を作り出していかなければならないのだが、社内制度の変革や知識や情報の蓄積がなされず、新規事業開発に必要な組織能力も構築されない結果、新たな事業を生み出せないという悪循環が起きてしまう。

経営という観点で自社の持続可能性を考えれば、環境の変化を先取りし、事業を作り、人を育てることは、かなり優先順位が高いことであるはずだ。それなのになぜ、こうした消極的な反応にとどまってしまうのか。

それは、断片化された組織の各部門に、何のための新規事業開発なのか、何のための人材育成なのかが、自事業との関わりの中で捉えられていないからである。これは利害関係者間のコンセンサスが形成されていないことで生じる深刻な問題である。新規事業開発部門の設立や、それに伴う様々な新しい施策が組織全体にとってどのような意味を持つのかについてよく考えられないまま、バラバラに実行されてしまうと、時間と金だけが消費されることになりかねない。

このため、自事業と新規事業の変革上の施策が、各部門にとって、あるいは自社の経営という観点で、どういう意義があるのかについて、社内のコンセンサスを築いておく必要があるだろう。

コンセンサスをどう形成するか——リクルートとマイクロソフトのエピソードから

では、自社の経営課題や目指す方向について、社内にコンセンサスを形成するには、何が必要だろうか。

まず何より重要なことは、自社で変えてはならないもの、今後も保持するべき価値を明確にすることである。

この問題を考える上では、かつてリクルートが行った大規模な変革が、1つの参考になるだろう。同社はリクルート事件をきっかけに中内功の経営するダイエーの傘下に入った。自社の先行きが見通せない中で、経営層の間で行われた印象的なコンセンサス形成のエピソードが、馬場マコト・土屋洋著『江副浩正』に紹介されている。[5]

外部の反応に適切に対応しなければ、事業が行き詰まる。そんな危機感を抱いたリクルートの売り上げの八割超を担う四つの主要事業部長を中心に、出版の新規事業部長や法務部長、そして入社以来江副の秘書を務め経営企画室に所属する柏木斉など、リクルートの現場を支える三十代の責任者十二人が記者会見の翌週の火曜日の夜に集結した。もう誰の口からも、江副がリクルート株を売ったことへの憤りの声は上がらなかった。それよりも、どうやってこのダイエー資本参加から、リクルートの自主性を守るかの議論が優先した。でなければ、リクルートの屋台骨が潰れると、みなが強い危機感をもっていた。柏木から、リクルートが抱える借入金の実数が初めて開示された。一兆八千億円という、考えていた以上の負債額に全員が驚愕し、再建策を急いだ。やがて誰もが気づいた。守るべきものは資本の独立性ではなく、これまで築いてきたリクルートという組織の独自性なのだと。それがなくなればリクルートは消滅する。

十二人は守るべきリクルートの独自性を一つずつあげていった。

一、透明で中立的な開かれた経営でつねにあること。
一、社員持株会をつねに筆頭株主とし「社員皆経営者主義」を貫くこと。
一、つねに組織の新陳代謝に努め、若いエネルギーに満ちた組織であり続けること。
一、新規事業に果敢に取り組み、だれも手がけぬ事業をやる誇りをもち続けること。
一、つねに高い目標に挑戦し、その過程で個人と組織のもつ能力の最大化をめざすこと。

一、徹底した顧客志向により、得意先の満足を最大化すること。
一、個人を尊重し、社内はいっさいの肩書、学歴、年齢、性別から自由であること。

改めて書き記してみて気づいた。江副が興しみんなで守り育てた、いかなる日本企業にも見られない経営形態の独自性は、かくも明快ですがすがしく風通しのいいものだったのか。この七つの独自性のどれ一つが欠けても、リクルートはリクルートでなくなる。そして十二人は、その誇れる七項目の独自性にリクルートイズムという名を与えた。

リクルートイズムを守り抜くために、社員持株会の組織強化、編集権の独立、リストラ促進、借財ゼロに向けての二十年借入金返済計画の四点からなるリクルート再建案を作成した。

その後のリクルートが様々な事業を新たに作り上げ、巨額の負債を解消し、上場に至ったことは周知の事実である。尚、このリクルートのエピソードで興味深いのは、自社において、これまで大事にしてきた価値は何か、あるいは変えてはならないものは何かなどの問題について、経営層が熟議の上で定めた後に、新たな変革の方向性を構想していることだ。

リクルートに比べると、もう少し穏やかな経営状態にあったマイクロソフトの変革においても、自社の守るべき価値を定めてから変革に至るという同様の順序を見ることができる。

CEOのサティア・ナデラは、自身が主導したマイクロソフトの企業変革をまとめた著書『Hit Refresh』の中で、各部門が銃を構えて対立し合う様子を風刺漫画で描かれるような同社の状況に対し、自社の変革の目的を、「この集団の英知とエネルギーを新たなミッションに注ぎ込めば、ビル・ゲイツやポール・アレンが創業時に抱いた夢に立ち返れる。それは、最先端のコンピュータ・テクノロジーを広く大衆に普及させるという夢だ」と述べている。[6]

これも、変革とは、その企業が本来目指すべきものに立ち返るための営みであることを示す言葉である。

自社の中核事業がどのように作られてきたのかを知るために、前章で紹介したような過去の成功体験の棚卸しを行ってみるのもよいだろう。その過程で、現在は守旧的に見える自社が、かつては積極的に社会課題を捉え、事業を作り、人を育ててきた会社であったことが見えてくるかもしれない。あるいは、その中で、自社が何を大切にしてきたのかが浮かび上がってくることもあるだろう。

その際は、単に過去を振り返ることにとどまらず、自社が社会の中でどのような役割を担うのか、どのような事業領域に展開していくかといった問題について、全社的に捉え直すことも必要だ。自社の全社戦略とその展開のロードマップを作成できるようになることが望ましい。この点について、経営陣の間で一定の方向性が共有されていれば、複雑性の問題はかなり緩和されるだろう。

確たる方向性がない中で、どんなに新しいアイデアを出すように促しても、やる気のある若手社員の発案を潰し続けることになりかねない。そこに足りないのは、現場のアイデアでもメンバーの意志でもなく、自社の将来の方向性に対する利害関係者のコンセンサスである。

自社の全社戦略についてコンセンサスを構築することは、新規事業開発に限らず、あらゆる変革の取り組みにおいて非常に重要である。なぜなら、変革には常に大小のコンフリクトが伴うからだ。その際は、自分たちの目指すものについて、自分たちの言葉で語れるようになるとなおよい。

自社の方向性を定めた後は、経営陣が自部門で何をするのかを語ることも必要だ。それによって単なるお題目ではなく、具体的に自分たちがすべきことへの理解も深まるからである。

経営のファシリテーション

こうした経営の方向性についてのコンセンサス形成は、本来、経営陣が行うべき仕事である。しかし、その仕事は組織の分業化が進むことによって、様々な機能の中で断片化してしまっていることが多い。経営陣が変革が進んでいないことに気づきにくい場合もあろうし、それをどこから考えればよいのかがわからず、手をつけていないこともあるかもしれない。この状況を変えていくには、コーポレート部門が経営のファシリテーションを行い、全社戦略などの経営の重要事項について、コンセンサスを構築する必要がある。

このような場合、ある程度の規模の企業では、支援者側は経営会議に参加する経営陣に対して事前に答えを用意し、その承認を得ることにとどめてしまいがちだ。だが、それでは経営陣が考えていることにはならないし、実際のところ、何も決めてはいない。

経営陣が全社戦略について、自分たちで考えられるようになっていくことが重要である。そのためには、一人ひとりの参加者が自事業の課題を掘り下げつつ、全社的な課題とのつながりが見えるように、支援者がファシリテーションを行う必要がある。その際は先述のように、事業部門の価値基準に即して、課題の掘り下げを行うとなおよいだろう。

また、自社の変革の目的を見失わないことも大切だ。経営陣を含む役員が集中的に議論する場として、役員合宿などが行われるケースがあるが、実際は耳ざわりのよい話をするだけで、メンバー間の人間関係づくりで終わることも少なくない。

このような場では、自社の変革のために経営上の課題を掘り下げ、そこから新たな方向性を定める必要がある。そこまで踏み込めないとすれば、それは役員や支援者側（経営企画部門であることが多い）の課題や目的の掘り下げが十分になされていないからだろう。同様に、ファシリテーターとなる支援者側の腰が引けていることもあるかもしれず、ここでもやはりファシリテーションの巧拙が決め手となる。

最初から満足できるファシリテーションをすることは難しい。議論の後に、参加者にモヤモヤした思いが残ることもあるだろう。だが、はじめはその感情を大切にする。そして、経営課題を話し合うに至らなかったのだとすれば、その経験を次の機会に生かせればよい。こうした取り組みで何より大切なことは、変革の手がかりを見つけることである。

もし、1度目の取り組みが十分な成果を得られなかったとすれば、その振り返りの際にぜひ取り入れてほしいのは、「問題を反転させて考える」という視点である。[7]

これは問題を解決しようとすることをいったん脇に置いて、自分（たち）が問題をもう一度繰り返すにはどうすればよいか、自分（たち）が問題を悪化させるには何をすればよいか、と考えてみることである。

例えば、支援者が役員に遠慮してしまい、ファシリテーションする立場から言うべきことを言えなかったとしよう。その場合も、「自分（たち）は、どうすればもっと言うべきことを言えなくできるか」と反転させて考えてみると、その問題に対し、何かできることが見えてくるかもしれない。

その際も、やはり他のメンバーと一緒に考えるとよい。参加する役員側も同様である。重要な経営課題について話せなかったと思ったならば、「どうすれば自分は次も大事なことを話せないようにできるか」と考えてみる。

こうしたプロセスを繰り返しながら、徐々により核心に迫る内容を語れるようになることが大切である。

ナラティヴを共有する

経営課題や自社の方向性について話をすることはできても、お題目的な言葉が並ぶばかりで、本気度が感じられないという問題もあるだろう。そのような場合は、それぞれが語る内容について、どのような過程を経てその考えに至ったのかを語ってもらうとよい。

例えば、先に紹介したマイクロソフトのサティア・ナデラも、経営陣の話し合いにおいて、自分がどのような経験を通じて、自社の方向性を見出すに至ったかを語っている。

そこで明かされたのは、自分の息子が脳に障害を持って生まれ、これまで様々なテクノロジーの力に助けられて生きてきたこと、最近のプロジェクトで、アイデア、テクノロジー、そして筋萎縮性側索硬化症の人々への共感が結びつき、患者の視線の動きを追跡するアイトラッキング機能という新しい技術が生まれたというエピソードであった。

この語りを聞いた人は、心を打たれると同時に、彼の語る「広い世界の他者への共感をもとに、自分たちのアイデアとテクノロジーを活用する」という視点で、自分の仕事を捉えられるようになるだろう。[8]

「何」や「なぜ」ではなく、「どのような過程を経て」その考えに至ったのかが語られると、聞き手は自分と話し手との接点が見出せるようになる。なぜなら、意見が違っていたとしても、その過程で互いの感情を共有できるようになるからだ。

また、語り手にとっても、自分のナラティヴを共有することで、自分の語る内容にどのような意味があるのかについて、考えを深められるようになる。こうした語りによって、人々の間に、あるいはその人と自分の経験との間に接点を築いていくことで、徐々にコンセンサスが形成されるだろう。

経営の重要事項に対するコンセンサス形成は、できるだけ自分たちの力で長期的に取り組んでいくことが大切だ。これまで述べてきたように、コンサルティングファームなどにこのプロセスを任せきりにしてしまうと、どうしても参加者の当事者意識や自発性が損なわれ、結果的に、語られる内容が限定されてしまう。

尚、こうした取り組みを当事者が習慣化することに意義があるのは、組織が不可避的に断片化するメカニズムを備えているからでもある。組織は常に断片化に向かおうとする存在である。だからこそ、経営責任を担う人々がそれぞれの考えを持ち寄れる場として、こうしたコンセンサス形成の機会を活用するとよいだろう。

章のまとめ

企業変革が進まない状況の背後には、組織の断片化を契機として、それぞれの努力がうまく統合されないという問題がある。それを統合していくには、全社戦略を考え尽くし、自社の戦略へのコンセンサスを形成することが不可欠だ。しかしこれらが抜け落ちていることに気づくこと自体が難しいため、変革が著しく停滞してしまう。

この状況を脱するには、自社で起きている問題を多角的に捉え直し、有効な打開策を講じ続ける必要がある。それには、より上位階層の人々が自社の方向性についてコンセンサスを形成し、全社的な視点で自らの職責や役割を再認識できるようにしなければならない。

また、その実現のためには、コーポレート部門などの変革支援者が中心となって、新たな対話の習慣を築いていくことも大切である。

慢性疾患を生きる

企業変革には痛みが伴う。ただし、痛みにも様々な種類がある。一時的な苦しみもあれば、長く続く地道な取り組みを受け入れるという痛みもある。本書は、後者について考えるものだ。

本書で述べる企業変革は長期的な取り組みを必要とするもので、既存の解決策が通用しないため、どこから手をつければいいか、そもそも何が問題なのかを探るところから始めなければならない。もっと言えば、組織で働くすべての人が、問題が見えていないことがわかっていないという、自分の未熟さや視野の狭さに向き合わなければならない。

この重苦しさに負けずに変革を進めるには、どうすればよいだろうか。

この気分は、慢性疾患を生きるということに似ているように思う。

原因がはっきりせず、既存の解決策では太刀打ちできない問題を抱えた組織の状態を、私は「組織の慢性疾患」と呼んできた。

もともと「慢性疾患」とは、医療分野で使われる言葉であり、慢性疾患の最も大きな特徴は、根治が難しいことにある。技術的な解決には限界があり、患者やその家族は病気と長く付き合っていくこと、慢性疾患を抱えた状況に適応していくことが求められる。

慢性疾患にはセルフケアが不可欠であるが、これもまた適応行動の1つである。例えば、高血圧症であれば食事と運動に気をつけ、ストレスを減らす。そうした取り組みを続けることで、高血圧症自体が根治するわけではないが、少しずつ血圧の状態を改善することができる。慢性疾患が安定し、問題がない状態に至ることを「寛解《かんかい》」と呼ぶが、この状態を目指すのが慢性疾患のケアの1つのゴールであろう。

第1章のColumnで紹介した、ロナルド・ハイフェッツの「適応課題」も、彼の著作を見る限り、彼の医師としてのキャリアがその考え方に色濃く反映されている。「慢性疾患に適応する上での課題」という意味で、彼は組織の複雑な問題を「適応（を必要とする）課題」と表現したのだろう。

例えば、がんの手術が無事に終わったとしても、患部を切除した後の体は、手術前の体とは明らかに違う状態である。その人のリスクに応じて、万が一に備えて今後の生活を構築していく必要もあるかもしれない。

その新たな状況への適応には、少なからぬ痛みが伴う。この痛みを乗り越え、なるべくよい状態を目指していきたいが、今までの習慣を変えることは、実際はかなり苦しい作業である。自らの過ちを受け入れ、喜びや楽しみを手放さなければならないこともあるだろう。

さらに、自分の習慣を変えた先に、約束された未来が待っているとも限らない。取り組まなければ確実に悪化するが、取り組むことで得られる改善もすぐに得られるものではない。このことが人々を適応から遠ざける。

しかしそれでも、背後にある重要な問題に１つずつ向き合い、適応の道を探ることが大切だ。そしてこうした取り組みは、医療や福祉の様々な支援者、家族、友人などとともに行うのが望ましい。

尚、慢性疾患の中でもとりわけ複雑なものは、依存症であろう。

依存症は人間関係の悪化など、関係性によって生じる病気という側面が強い。放置すると深刻な問題を引き起こすが、技術的解決策も少ない。依存症にはアルコールや覚醒剤などの薬物依存もあれば、自傷行為、買い物、窃盗、暴力などの嗜癖行動も含まれる。

ここでは一例として、アルコール依存について考えてみよう。

依存症について詳しく知る前の私は、お酒など意志を持てば簡単にやめられるだろうと考えていた。だが、精神科医の松本俊彦の様々な著作[9]や、彼の実践の基盤とされるエドワード・カンツィアンらの「自己治療仮説[10]」を通じて、その捉え方が実に表層的であったことを思い知った。

飲酒がやめられないという表層的な問題によって、様々な難題が生じるため、アルコールをやめさえすればよいと私たちは考えてしまう。だが、アルコールに依存する背景には、例えばＤＶや仕事のストレスなどの複雑な問題があり、依存症当事者の生活史には、過去にいじめや虐待などを経験し、人とうまく関われないというトラウマがあることも少なくない。

つまり、孤立した自分を支えるために、松本の表現では「心の松葉杖」として、アルコールを摂取し続けているというのである。自分の問題を自分でなんとかしようとするこの行動は、「自己治療」と呼ばれる。アルコール依存が自己治療だとすると、飲酒しないことが大切である一方で、飲酒そのものが本人にとっては重要な問題ではないこともわかるだろう。

問題は、アルコール依存という症状の背後にある当事者の困り事であり、必要なのは、その苦しみを少しずつ和らげ、「心の松葉杖」を必要とする程度を徐々に下げていくことである。強制的にアルコールを取り上げても、そのことが当事者の孤立感を強め、なんとかして飲酒しようとするかもしれない。なぜなら、症状の背後にある複雑な問題には、何も手をつけられていないからだ。

私たちはどこかで、本人の意識が変われば、問題は解決するだろうと思い込んでいる。だが、彼らは必ずしも飲みたくて飲んでいるわけではなく、自らの苦しみを緩和し、生きていくために、アルコールに依存しているのである。

海外における先進的な依存症ケアの1つに「ハームリダクション（依存症のもたらす害の軽減）」という考え方がある。世界的には薬物使用の問題を解決するために、あえて薬物を非犯罪化し、精神障害として治療を提供するという流れに変化しつつあり、その流れの中の1つの実践である。[11]

例えば、薬物やアルコールをやめた方がよいのは当然であるが、依存症当事者に対してそうした正論を述べるだけでは、当事者は支援者を避けるようになるだろう。なぜなら、苦しみを抱えている当事者にとって、唯一頼れるものを奪う存在であるからだ。依存対象をただ遠ざけるだけでは、依存症の問題は全く解決しない。

そこで、「我々の施設の中では、安全に薬物を使用することができるので、いつでも来てください」というアプローチを取るのだという。

視点を変えれば、これは、不潔な針の使用による感染症を防いだり、より害の少ない薬物を提供したりすることで、薬物使用がもたらす害自体を減らしていくという理に適った考え方である。薬物使用に伴う健康被害や他人に危害を加えるリスクを減らし、支援者との信頼関係を構築し、自助グループ活動への参加を促すなどの本格的なケアに踏み込む糸口にもなるはずだ。

私たちはつい、すぐに結果を手に入れたくて、一足飛びの解決を望んでしまう。そして、目先の問題を解決しようとして相手からの信頼を失い、変化を生み出すこともできないという悪循環に陥りやすい。

だが、このハームリダクションのように、一見すると後退しているように見えることも含めて、相手の生きる世界を知ろうとし、自分にできることを考え、必要な支援を行い、そうした取り組みを通じて問題にアプローチする方法を探るという姿勢は、きわめて対話的かつ現実的である。

一見遠い世界の取り組みに見えるかもしれないが、企業変革を考える際にこのような視点を参考にしてみると、驚くほど合致する部分もあるだろう。

技術的な解決方法がないという前提を受け入れることには、大きな痛みが伴う。だが、私たちは一人ではない。経営層、コーポレート部門、事業部門など、様々な機能があり、そこにも様々な階層の人々がいて、外部の支援者もいる。

自分の力だけで変えようとすれば自己治療的な状況に陥ってしまうことも、皆で問題を掘り下げ、解決の道を探ることができれば、少しずつ、だが着実に、変革を進められるだろう。実際、地道な取り組みを続けてきた一部の企業には、明るい兆しも見え始めている。

変革には痛みが伴う。だが、いつの日か必ず、様々な取り組みが実る日が来る。それは、誰に評価されるものでもないが、何にも代えがたいものだと私は思うのだ。

---

1 Rumelt, Richard P.(2022). *The Crux: How Leaders Become Strategists.* PublicAffairs.（リチャード・ルメルト『戦略の要諦』村井章子訳、日本経済新聞出版、２０２３年）

2 このようなファシリテーションは8章で紹介する変革支援機能が担うことが望ましい。

3 Pascale, Richard T., Jerry Sternin, Monique Sternin.(2010). *The Power of Positive Deviance : How Unlikely Innovators Solve the World's Toughest Problems.* Harvard Business Press.（リチャード・パスカル、ジェリー・スターニン、モニーク・スターニン『POSITIVE DEVIANCE――学習する組織に進化する問題解決アプローチ』原田勉訳、東洋経済新報社、２０２１年）

4 先のスターニンらのベトナムの農村への介入は、わずか6カ月で遂行されたことを指摘しておきたい。

5 馬場マコト・土屋洋『江副浩正』日経ＢＰ、２０１７年

6 Nadella, Satya, Greg Shaw, *et al.*(2017). *Hit Refresh: The Quest to Rediscover Microsoft's Soul and Imagine a Better*

Future for Everyone. Harper Business.（サティア・ナデラ『Hit Refresh――マイクロソフト再興とテクノロジーの未来』山田美明ほか訳、日経BP、2017年）

7　この対話の方法については、拙著（『組織が変わる――行き詰まりから一歩抜け出す対話の方法2 on 2』ダイヤモンド社、2021年）で詳述している。

8　息子のザイン・ナデラ氏は残念ながら2022年に26歳で亡くなった。時間軸を取り込んだ施策については、第8章の「時間軸を取り入れて整理する」も参照されたい。

9　松本俊彦『薬物依存症』ちくま新書、2018年、同『薬物依存とアディクション精神医学』金剛出版、2012年

10　Khantzian, Edward J. and Mark J. Albanese. (2008). *Understanding Addiction as Self Medication: Finding Hope Behind the Pain:* 1st Edition. Rowman & Littlefield Publishers.（エドワード・J・カンツィアン、マーク・J・アルバニーズ『人はなぜ依存症になるのか――自己治療としてのアディクション』松本俊彦訳、星和書店、2013年）

11　松本俊彦ほか編著『ハームリダクションとは何か――薬物問題に対する、あるひとつの社会的選択』中外医学社、2017年

第7章

「変わらない」壁を乗り越える

――組織の「自発性」を育む

「私の愛するきょうだいたち、よくわきまえておきなさい。
人は誰でも、聞くに速く、語るに遅く、怒るに遅くあるべきです」
（「ヤコブの手紙」1章19節）

第5章と第6章ではそれぞれ、多義性の認知、複雑性への対処という問題について述べてきた。企業変革に必要な3つの論点の最後となるこの章では、組織の自発性をどう育むかという問題を考えてみたい。

ここまでの考察から、構造的無能化が進行する中で変革を進めるには、対話的な実践を重ね、戦略を考えられるようになり、さらにそれを実行できるようになることが大切であるということが見えてきた。

しかし、実際に行うべきことがある程度決まり、経営層や役員層などの重要な職責を担う階層間、あるいは人事部門や経営企画部門などのコーポレート部門で、企業変革の方向性や進め方、内容についてコンセンサスが得られたとしても、その前後に生じやすい問題がある。

それは、メンバーが自発的に動いてくれない、あるいはコンセンサスは得られたものの、部門責任者など比較的上位のキーパーソンの間で、積極的な動きが見られないという問題である。

繰り返すように、変革への面従腹背が起きることは少なくないし、実際はそこまで強い反対もなく、淡々と言われた変革を「こなす」だけということもあるだろう。しかし、それでは顧客の創造という企業の基本的な機能を再構築できてはおらず、変革がなされているとも言えない。

こうした課題に取り組むことを、近年、「カルチャー変革」などと呼ぶこともある。

経営層からは、「メンバー層に主体的に行動してほしい」「メンバーの自走性を高めたい」「メンバー層の意識を向上させ、変革を進めたい」などの声も聞かれる。

しかし、「カルチャー（文化）」とはもともと多義性の高い概念であり、本来私たちが目指すところは、カルチャーという抽象的なものを変えようとすることよりも、人々が自発的に仕事に取り組むための、具体的な実践を積むことにあるはずだ。

それならば一体、何が変わることが実際に組織を変えていくことになるのだろうか。本章ではその問いを掘り下げ、実際に企業が変わっていくとはどういうことかについて、具体例とともに考えてみたい。

「組織が変わる」とはどういうことか

そもそも、組織が変わるとは、どういうことなのだろうか。

中国の古代思想『老子』の17章に、君主のあり方を述べた次のような記述がある。[1]

大上《たいじょう》は、下之《しもこれさい》有るを知るのみ。其《そ》の次は親しんで而《しこ》うして之を誉《ほ》む。其の次は之を畏《おそ》る。其の次は之を侮《あなど》る。信《しん》なること足らざれば、信ぜられざること有り。悠兮《ゆうけい》として其れ言《げん》を貴《おも》くすれば、功を成り事は遂げて、百姓皆《ひゃくせいみな》我を自然なりと謂《い》わん。

（現代語訳）

最上の人（君主）については、その臣下たちは、そういう人があると知るだけである。その次の（君主）ならば、かれらは親近感をもってほめたたえる。その次の（君主）ならば、かれらは畏《おそ》れてよりつかない。その次（最下等の君主）になると、軽蔑するだけだ。（人びとに）信頼されないのは、（君主が）約束を守らないからである。いかにも気がすすまぬふうにして、（君主は）自分のことばの価値を高めるならば、かれのなすべき事業は完成し、仕事はなしとげられ、臣下たちはだれしも「それはひとりでにそうなったのだ」というであろう。

老子は、荘子と並ぶ中国の道家の古代思想家である。

彼がここで述べていることは、以下のように要約できるだろう。

・間違ったことをするリーダーは人々に馬鹿にされる
・正しいことをするリーダーは人々から尊敬される
・しかし、それは最も優れたリーダーの目指すところではない

そして、最も優れたリーダーとは、そこに集うメンバーが「この会社（社会）の今の良好な状

態は、自分たちが作ったのだ」と言えるような組織を作る、ということである。これはリーダーの規範を述べるにとどまらず、目指すべき組織の状態を示すものである。

正しいことをして組織の状態を立て直すことが、変革の目指すところではない。組織としてパフォーマンスが高い状態にあることは大切だが、それだけでは不十分なのだ。目指すべきは、そこに集う人々が、その実践に携わる一員として、その優れた状態を作ることに貢献しているという実感を持てることであろう。そしてそれは、立派なビジョンを掲げるだけで叶えられるものではない。

実際に組織で働く一人ひとりが、自分の行っていることに手応えを感じられる状態を、どうすれば作り出すことができるだろうか。また、それは実際の企業で、具体的にどのように実践できるだろうか。

新規事業のための投資意思決定──H社の事例から

この問題について、新規事業開発に取り組むH社のエピソードをもとに考えてみたい。

H社は長らくB to B領域で強みを持つ製造業の会社として事業展開してきた。同社の主軸事業は、業界の中で独自の地位を有していたが、日本の国内市場の縮小を踏まえれば、海外進出以外に、国内市場においても新たな領域への進出が不可欠であった。

そのような中、ある事業部から出された1つの事業アイデアが経営層の目に留まる。それは、B to Cサービスに軸を置いたこれまでとは大きく異なる事業アイデアであった。この事業が成功すれば社会課題の解決にもつながる可能性があり、起案者もぜひやってみたいという思いがあった。

同業他社で同様の事業展開をしている企業はなく、参入先の業界を見ても、独自性の高い事業となる可能性があった。これが実現すれば、事業領域の拡張につながる可能性も十分にある。さらに、自社がこれまで構築してきた顧客基盤を生かした事業展開も実現できそうだった。

早速、事業化に向けて、起案者を中心としたチームが編成され、プロジェクトがスタートした。実際に事業化が進むと、今までのB to B事業とは根本的に事業の作り方が異なることもわかった。これまでとは異なる営業体制や事業開発体制が必要であり、当然のことながら、そのためには大規模な投資が不可欠であった。

チームが新たなアイデアの実現に向けて事業開発を行い、事業への取り組みを進める中で、徐々に成長の可能性も見えてきた。そしていよいよ大規模な投資を行うタイミングがやってきた。

本社側が大規模な投資を行うには、少なくとも次の2つの点が重要である。

1つは、その事業への投資を決定するために、経営層の側に新規事業開発についての戦略が十分に考えられていることだ。また、対外的にも、自社の戦略の全体像との整合性がとれていなければならない。

投資には当然、一定のリスクを負う覚悟が必要であり、その投資に対するリターンが期待される。そのため、短期的な収益が見込めない新規事業開発においては、そもそも何をリターンとみなすのかについて、十分に検討されている必要がある。

もちろん、財務的なリターンも重要であることは間違いないが、その成果が出るまでの間、何をリターンと考えるのか、どのような進捗状況でどのようなゴールに至るのか、などの問題について、十分に議論されていなければならない。

投資の意思決定とは、資金を提供することであるが、それだけの支援では、新領域の事業開発の実現は容易ではない。新たに構築しなければならない組織のリソースや、新規に定めたり変更したりしなければならない社内のルールや制度もあるだろう。これらを構築していくことが投資意思決定における2つ目の重要な点である。

では、こうした状況で、どうすれば新規事業を軌道に乗せることができるだろうか。

それにはまず、一定の資金に加え、新規事業開発チームが事業開発に専念できるように、経営層が率先して様々な支援を行うことである。例えば、これまでとは異なる販売チャネルやマーケティング手法の知識の習得、人員の割り当てや能力構築、事業評価や社内の制度の見直し、場合によっては新たな業界でのルールづくりなど、支援の対象は非常に多岐にわたる。

いずれも時間のかかる取り組みであるが、一度構築されれば、組織の中に残り続けるものである。つまり、新たな経営資源の蓄積につながり、将来的な活用の可能性も広がるため、粘り強く一つひとつ対応していく必要がある。

新規事業を軌道に乗せるために必要な支援

新規事業開発をスムーズに進めるには、全社的な事業運営を担うコーポレートの各部門がかねてより経営課題を先読みし、人材の育成や配置、技術や営業機能、顧客との接点の提供に加え、制度的な変更なども、事業部門との間に入って迅速に支援していくことが望ましい。[2]

さらに、これを全社的な動きにしていくには、新規事業に期待することについて、経営層でしっかりと議論し、その内容を新規事業開発チームのみならず、関係部署に広く共有することが求められる。

その際に何より重要なことは、事業内容以外の新規事業開発チームが直面する可能性がある様々な課題に対し、経営層が先手をとって支援することである。

これは当事者のニーズに迅速に対応することだけを意味しない。むしろ、迅速に対応できる状態を用意しておくということである。さらに、経営層にそのための時間的余裕がないことも想定し、各コーポレート部門が積極的に働きかけることも有効だ。また、日頃から、コーポレート部門は事業部門や新規事業開発チームと接点を持つように努め、彼らの視点ではどのような課題があるのか、常にアンテナを張っておくとよいだろう。

尚、新規事業に本格的に投資をするということは、経営層が支援についての戦略を構築し、コーポレート側が具体的な支援を通して各部門に働きかけるということである。

投資決定をスムーズに行うには、新規事業開発部門の人々も事業の必要性をしっかりと自分たちの言葉で伝えられなければならない。それには、新規事業が自社の全社戦略の中でどのように位置づけられるかをよく考え、必要な支援内容を経営層に提示していくことが望ましい。[3]

組織の自発性をどう育むか

自発的に変革に取り組むには、その事業の成長と、自分たちの仕事の問題意識や意欲との間に、明確な接点が構築されていなければならない。それが実現できれば、事業の社会的価値を見定め、ゴールを目指して積極的に課題を見つけ、その課題に対して必要な取り組みを進められるようになるだろう。自分たちの力だけで及ばない場合は、周りの助けを得るとよい。

当然、新規事業開発チームと経営層やコーポレート部門では、長期的な目標を共有しながらも、中期的に目指すところが異なることもあるだろう。

例えば、経営層側は新規事業を支援する際に、B to C領域への展開以外に、未活用の技術の事業化や長年の経営課題であった「海外事業のさらなる拡充」も視野に入れているかもしれない。あるいは、B to Bの従来事業ではうまく取り込めなかった、「小規模事業者の需要を満たす」という道筋から考えるかもしれない。

では、コーポレート部門はどうだろうか。

人事部門にとって、新規事業開発は、自社の人材育成という点で重要な意義がある。各事業に関連する専門知識を持つメンバーの育成という視点のみならず、事業開発をリードする人を育てることは、将来の経営人材の育成にもつながる。

経営企画部門は、短期的利益が見込めない事業への評価方法として、事業の長期的な成長可能性を評価する方法を新たに確立する必要があるだろう。これは投資の意思決定を行う際のスキームを開発することにもなり、スタートアップ投資など、今後の事業投資を考える上での示唆も得られるはずだ。

一方、新規事業開発チームは、経営課題やコーポレート部門の狙いを理解しつつも、事業上の目標にフォーカスして事業開発を進めるとよい。チームメンバーが新規事業の発展に集中できる環境を準備することが何より大切である。

これらの各所の努力によって、事業が育つだけでなく、会社にとって投資する意義が何重にも得られるようになるだろう。階層や役割が異なれば、目指すものも自ずと異なってくる。そのため、それぞれの階層や役割の目指すところを一定程度理解し合い、双方の文脈から意味が見出せるようになれば理想的だ。

例えば、新規事業開発チーム側が、現在の新規事業開発によって、将来的に別領域への展開を視野に入れた事業戦略が提示できれば、経営層も受け入れやすい。あるいは、事業部門の人材育成という趣旨で、事業部門から人材提供を受ける際に、人事部門に調整を依頼するのもよいだろう。

一方、経営層も、経営層間の合意形成のために、新規事業開発チームの事業開発状況を経営課題と擦り合わせながら、経営上の道筋を構築し、守っていく必要がある。これらの取り組みは経営層全体で行うより、スポンサー的な立場にある取締役など、しかるべき立場の人物が中心となって経営層のコンセンサスを構築していく流れを作ることができれば、さらに効果的だ。

こうした様々な取り組みを地道に続けることによって、新規事業開発チームは必要な経営資源を得てスムーズに事業開発が進められるようになり、一方の経営層も、経営課題に寄与するものとして、新規事業を位置づけられるようになる。

もちろん、こうしたことは自然に実現されるものではない。大切なことは、とりわけ経営層が、いかに企業経営として合理的な道筋を立てられるかということだ。

必要な変革の中身とは、断片化された組織を統合するために対話の実践を続け、一人ひとりが自発的に考えられる状態を作り続けることである。それによって全社的な戦略を理解し、新規事業開発にも自発的に取り組めるようになる。

では、組織に自発性を構築できるようになるには何が必要だろうか。この問題について、いくつかのポイントに絞って考えてみたい。

自発性の好循環を作る

自発性（spontaneity）とは、仕事の中で与えられた仕事をこなすことを超えて、自ら能動的に、自分の役割を見いだしていこうとする状態である。

また、自発性を獲得するとは、その人が生きている物語の中で、自分からその役割を積極的に引き受けるようになることであり、その人が組織の構造の中で、自分の存在や位置が意味あるものだという実感を持てるようになることである。

では、この自発性が生まれる状況を、いかにして作り出すことができるだろうか。

1つは自発的に考えたり行動したりする習慣が、組織の中に根づいていることである。例えば、日常的にアイデアを出すことが奨励され、部門を越えて社内で「壁打ち」をするような習慣があれば、自分のアイデアを周りが受け止め、育ててくれているという実感を持ちやすい。

さらに、そうした取り組みから生まれた事業アイデアを社内で表彰するなどの取り組みによって、全社的なプレゼンスを高め、トップマネジメントが後押ししているという意味づけもなされるだろう。人間の行為は、それ自体では完結せず、それに対する応答によって、意味が決定されるからである。

この点について、もう少し具体的に説明してみよう。

例えば、「おはよう」という言葉に、さわやかに「おはよう」と返されれば、その発話行為は挨拶であり、よいことをしたという意味が生成される。逆に、無視や舌打ちが返ってくると、挨拶をした側に、何かよくないことをしたのではないか、やらないほうがよかったかもしれない、という意味が生成されるだろう。

これを社会構成主義[4]に基づくナラティヴ・アプローチの理論的基盤を築いた社会心理学者のケネス・ガーゲンは、「協応行為によって意味が生み出され、私たち自身もその意味を通じて自分たちが何者であるかを理解する」と述べている。[5] つまり、自分が行っていることの意味は、その個人のみでは確定されず、他者からの応答（フィードバック）、さらにそれに対する応答の連鎖という、一連のプロセスの中で生成されるということである。[6]

この視点に立って、再び組織の自発性の問題に目を向けてみよう。組織内でも、公式・非公式を問わず、その人の行為や発話にどのような応答があったのかによって、自発性が生じるかどうかが決まってくる。

先述の新規事業開発に取り組むH社のエピソードにも、この協応行為を見ることができる。新規事業のアイデアに関する経営上の道筋について、経営陣が真剣に考えていることが伝わってくる。そして、経営の観点から妥当な線をチームにフィードバックし、それに応じる形でチーム側の事業開発が進み、再びそれに経営陣が応じる、という好循環が生まれている。また、コーポレート部門もそれを例外的な取り組みとしてただ眺めているわけではなく、先回りして必要なことを考えるという形で応じている。

この一連のフィードバックの動きによって、新規事業開発チームも、自分たちの取り組みへの理解を深めていくだろう。それは、新たな事業を通じた顧客の創造や、自社にとってのインパクトという形で体験され、チームメンバーが仕事をする際の視座を大きく変えることになる。

そうなると、自分たちで考える範囲をさらに広げていこうとするだろうし、支援する側も、彼らが懸命に進めていることを、自分たちが支えているという実感を持てるようになる。

その結果、支援する側にも自発性が芽生え、より積極的な支援が行われる。これは非常によい循環である。この段階に至れば、自ずと、新規事業開発チームと支援チームという立場を超えた新たな関係性が築かれているだろう。

このように、組織の中で習慣を生み出すと同時に、習慣の実践を通じて日々再生産される組織固有の形式化されない「常識」を、「組織の知の暗黙的次元（暗黙知）」と呼ぶ。[7] 自発性は、この組織の暗黙知によって生み出されるが、組織の暗黙知は日々の協応行為の習慣の帰結である。したがって、自発性を生み出すような協応行為の習慣をどう生み出していくかということが論点となる。

ストーリーテリングの力――病院変革プロジェクトの事例から

では、どのようなフィードバックを、はじめの一歩とすればよいだろうか。

リーダーが語り手となり、メンバーに対して「ストーリーテリング」を行うのも1つの方法だろう。ストーリーテリングとは文字通り、語り手が「身近な物語を語る」ことである。

一見すると、このストーリーテリングは語りかけの行為であり、応答ではないのではないか、と思われるかもしれない。

だが、これは協応行為の中で最初の応答として位置づけられるものだ。なぜなら、聞き手にとって意味のあるストーリーを語るためには、聞き手の視点に立って捉え直すというプロセスが必要であるからだ。これはある意味、聞き手の「声にならない声」に対する応答であるとも言える。

次に紹介するのは、イギリスのある病院の変革プロジェクトの初日に、病院の経営者が変革チームのメンバーに向けたストーリーテリングの様子である。[8]

今日ここに集まってくれたことを感謝の言葉で始めることはできる……。自分が何のためにここにいて、何を我々が達成したいのかをはっきり言うことができたならば。

だが、そうではないんだ。今回の取り組みは、自分を含め、我々全員がここから学んでいかないといけない、新しい挑戦だから。何からスタートしたらよいか、ポール〔訳注：この論文の著者のポール・ベイトのこと〕ともこの数週間ずいぶん話し合って考えてきた。僕たちの会話のほとんどは、未来のビジョンのようなものの必要性についてだった。新しい方向性が大切だからだ。でも、自分は何が求められているのかはっきりとはわからなかった――正直に言うならば、今もまだわからない。リーダーとしての最初のテストは不合格と言っていいだろう。今日に至るまで、不安な気持ちは高まるばかりだった。昨晩もよく眠れなかったし、今朝になっても皆に何を言うべきか、悩んでいる。

あまりよく眠れないのでここに来る前に車で病院に行ってきた。確信が持てない自分は、病院の礼拝堂に足を運んでいた。

そこにある「手書きの本」を読んだことがある者がいるだろうか。そこには我々の患者の関係者の言葉が綴られている。多くは最近友人や愛する人を失った人々だ。そのうちの1つをここで読み上げたいと思う。書いたのはリチャード・スミス氏で、彼の父親は大腸がんで病院にかかっていた。

「NHS〈訳注：税金で運営されるイギリスの公的医療サービス〉は、世界で最高の治療を提供してくれると、私と私の家族はずっと信じてきました。しかし今、そうではなかったということを、私たちは思い知りました。私の父、デビッドは、昨晩遅く、この病院で亡くなりました。彼は長い間、がんと闘っていました。彼は3日前に、症状緩和のための手術を受ける目的で入院しました。彼は手術前の処置のために、24時間何も食べることができませんでした。手術は、最初の日に延期され、そして次の日にも延期されました。どうしてがんの患者を手術が行われるかもしれないという希望のもとに、何日も続けて飢えさせておくなんてことができるのですか。これが、地上での人生最後の3日間を過ごす1人の人間を扱うやり方でしょうか。あなた方が、私の父への管理や治療は標準的なものだと考えていることに、私は衝撃を受け、驚愕しました」

この語りかけの後、メンバーたちは、組織で働く中で感じてきた様々な悔しい思いを話し始め、自分たちにとっての問題とは何か、どういうときに問題が発生するのか、それを乗り越えるためにどのような取り組みが必要か、といったことが次々と語られた。

そして、「二度とスミスさんのような人を作らない、これがチームの合言葉になった」。リーダーのストーリーテリングが、メンバーが自発性を持って変革に取り組むきっかけとなったことを示すよい事例である。

これは病院組織の事例であり、変革の取り組みとしては小規模なものであるが、企業活動にも重なるいくつかの特徴的な点がある。

1．聞き手の悔しさや違和感を思い起こさせるエピソードが語られている
2．何をすべきという具体的な内容や結論を示してはいない

3．聞き手の危機感をあおっていない
4．リーダー自身の迷いや悔しい思いも率直に語られている

なぜこうしたことが、自発性の創出にとって重要なのか。

変革の場ではよく、メンバーの無自覚さを指摘したり変革をしないことで生じるネガティブな帰結を語ったりして、危機感を募らせ、当事者に動いてもらおうとすることがある。

しかし、このように危機感をあおる方法は、次のような理由で望ましくない。

1つは、メンバーに危機感が足りないから変革的な行動につながらないのだという理解を前提としていることである。

だが、たとえ危機感があったとしても、自分が何をすればいいのかはおそらくよくわからないままだ。危機感の有無よりもはるかに重要なことは、組織の問題がメンバーの生きている世界やメンバー自身の日々の実感とどうつながりがあるか、当事者が自分でもできることがあると感じられるかどうか、ということである。

日々の仕事で得られる実感とは相容れない言葉でどんなに危機感をあおられても、「自分には関係のないことだ」「自分にできることなどない」という姿勢を強めるだけで、メンバーの自発性が導かれることはないだろう。これを「危機感が足りない」と繰り返したところで、メンバー

との溝が余計に深まるだけである。

また、こうした「危機感」をあおることで、語り手が言外に語っていることがある。それは、「問題をわかっている私と、わかっていないメンバー」という構図である。

こうした言外のフィードバックが聞き手に伝わることで、自ずと反発心が芽生える。そうなると、さらなる対立の構図が生まれ、メンバーも施策に対する問題点を指摘したり面従腹背が起きたりするという悪循環が生まれやすい。

権力を持つ立場の人間が危機感をあおり、やるべきことを示せば、従うメンバーもいるかもしれない。あるいは、語り手が、「今の組織には問題があるが、私がその解決策を持っているのでついてきてほしい」などと言えば、聞き手は安心するかもしれない。

だが、こうした関係は同時に依存性を生み、当事者が物事を自発的に考えられなくなるリスクもある。なぜなら、「あの人が状況を理解して考えてくれるから、自分たちは考えなくてもよい」というリーダーへの依存が生まれるからだ。ここに「正しい私に従うことが、あなたにとって正しいことだ」という支配の構図を持ち込むこと自体、自発性を削いでしまっていることに注意してほしい。

聞き手であるメンバーの実感を伴いながら、いかに取り組むべき問題への参加を促すか。それが、組織の自発性を生み出すために必要な視点である。

対話的プロセスから生まれる自発性

では、聞き手であるメンバーの実感を伴う出来事や現象とは、どのようなものだろうか。それを知るには、自分が聞き手に求めるものをいったん脇に置き、聞き手の視座を理解しようとしなければならない。聞き手にとって意味があることを語りかけることこそが、ストーリーテリングの最も重要な点だからである。ここでは先のイギリスの病院でのストーリーテリングのように、メンバーが日々直面する問題を反映したエピソードを集めることが、1つの有効な方法となる。

自発性の創出には適切なフィードバックが不可欠であることを本書では繰り返し述べてきたが、このストーリーテリングは、一見そのようには見えないかもしれない。

しかし、メンバーにとって何か意味ある内容を語るということは、彼らの抱える違和感や悔しさには意味があるのだと伝えるフィードバックそのものである。メンバーの違和感や悔しさと、自分たちが進めようとしている新たな変革の方向性との接点をともに考え、新たな連帯を構築すること。それがストーリーテリングの大切な意義である。

こうしたストーリーテリングの取り組みは、メンバーの身に起きた過去の出来事に光を当てることでメンバーの応答が生まれる貴重な契機となる。こうして協応行為が動き出し、皆がそのプロセスの参加者となっていくのである。

語り手は聞き手の言葉で語らなければならない

さて、ここまで、ストーリーテリングについて詳しく述べてきたが、このストーリーテリングは自発性を生み出す唯一の方法ではない。形式はどのようなものでもよい。大切なことは、自発性を一方的に喚起することはできないということ、そして、自発性は一見相手の中に生じる現象のように見えるが、実際は、相手との対話的なプロセスから生まれる協働的な現象であるということだ。

それは同時に、語り手は聞き手の言葉で語らなければならないということでもある。メンバーに自発性が生じるためには、働きかける側もまた、変わらなければならない。

相手の視点を媒介にして自分たちの取り組みを捉え直し、それを相手の言葉で語ることで、双方がその取り組みの参加者となり、結果的に自発性が生まれる。

逆に、機能不全に陥った組織では、相手の視点をよく理解しないままに自分の正しさだけを正当化し、実行しようとすることがあるので、注意が必要だ。

例えば、次のようなケースである。

人的資本経営開示が求められるようになり、昨今、多くの企業で、人材戦略や組織の成果に関連する情報を内外の関係者に提供するために、従業員へのサーベイを行う企業が増えている。

こうしたサーベイを行うのは主に人事部門であるが、調査によって問題のある部署が浮かび上がり、その部署のサーベイ数値をどう改善するかという課題に直面することになる。その際、人事部門の人々は、ついそれらの数値改善のための取り組みを、問題のある事業部門に求めてしまいがちだ。

だが、人事部門がどんなに働きかけたとしても、実際に事業部門の人々が自発的に数値改善に取り組むことは稀である。

人事部門としては、事業部門に率先してサーベイ数値の改善のための対話的な取り組みを行ってほしいと考える。エンゲージメントであれば、従業員が仕事に対して意欲的に取り組み、事業領域を変革するという経営上の重要課題に着手することが求められる。さらにその課題が発生するメカニズムを、各事業部門が実践の中で探る必要がある。

だが実際は、各部門に数字の改善を呼びかけるだけで終わることが多く、事業部門も数字さえ改善すればよいと考えたり、場合によっては改善に取り組まないこともある。

このような齟齬が生じる原因は、事業部門はサーベイの数値そのものについては困っていない、という当たり前のことにある。サーベイの数値で事業部門を測っているのも、そこで問題だと指摘しているのも、人事部門の人たちである。事業部門の言葉で、彼らの困り事はどのように語られ、それが結果的にどのようにサーベイの数値につながっているかについて、人事部門はどこまで真剣に考えているだろうか。

例えば、事業部門長の困り事は、「競合との競争が激しい」「人が足りない」「アイデアが出てこない」「打開策が見つからない」「部下の元気がない」などである。サーベイの数値はそうした事象の結果である。人事部門がどんなにサーベイ数値を突きつけたところで、改善が図られるものではない。

この問題の背後に見え隠れしているのは、「相手はわかっていない」「危機感が足りない」という人事部門のナラティヴである。そしてそれが相手にありありと伝わってしまっているので、反発が生じている。

サーベイ数値が悪いことへの危機感は人事部門のものであって、事業部門のものではない。それが伝わらないのは、業務内容が異なるので当然のことだ。この場合、わかっていないのがどちらであるかは明らかだろう。

人事部門が事業部門の人々に、もっと自発的に変革に取り組んでほしいと思うならば、彼らの言葉を学ばなければならない。彼らの日々の課題、悔しさの中にある言葉を語らなければ、語る言葉は意味を持たない。我々は必要なプロセスを経ずして、望ましい結果だけを手に入れることはできないのだ。

どうすれば問題を抱える人々の視座や、彼らの困り事を知り、その打開策をともに探ることができるだろうか。私たちは相手を完璧に理解することはできないし、問題意識が同じである必要もない。仕事内容が異なれば、異なる問題や関心を持つのは当然のことだ。

だが、それらの違いがあっても、当事者の問題を学び、その打開策をともに考えようとすることで、新たな関係性が築かれる。そのときにはすでに自発性の有無は気にならなくなっていることだろう。

章のまとめ

メンバーの自発性を組織内でどう涵養するかということは、変革を進めようとする多くのリーダーにとって、頭の痛い問題であろう。その実践には、自分たちが実施しようとする変革のための戦略や施策が、メンバーにとっていかなる意味があるのかを探る対話的な取り組みが不可欠である。そこでは、当事者が自らの位置と役割を実感できるようにすることが何より大切である。本章ではその一例として、ストーリーテリングの取り組みを紹介した。

何かを語ろうとするときには、それが聞き手にとって意味のあるものでなければならない。企業変革においては、明確な戦略や施策に加え、自らが実行しようとする内容と相手の問題や関心との間に接点を構築するための、地道な対話的実践が必要である。

column

野火的活動と企業変革

人類学や教育学を基盤に、独自の学習理論に基づいた組織論研究を展開するヘルシンキ大学のユーリア・エンゲストロームは、２００９年に「野火的活動（wildfire activities）」という、やや風変わりなタイトルの論文を発表した。[9] 野火、つまり、山火事のような活動というわけである。

山火事は一度消しても火種が残り、再び火事を引き起こしていくが、社会においても同様に、しぶとく持続する活動が存在する。それがなぜ、また、どのように生じるのかに着目したのが、この「野火的活動」という論文であった。

彼は野火的活動の例として、赤十字の災害支援活動、バードウォッチング、スケートボーディングを挙げている。これら3つの活動に共通する特徴は、全体を統括する集団が存在しなくても、どこからともなく人が集まり、活動が行われ、その後も何かがあれば再び集まってくるという、しぶとい持続性を備えている点である。

ではなぜ、このような現象が起きるのか。

エンゲストロームは、イギリスの文化人類学者であるティム・インゴルドの著作『ラインズ』を援用しながら、この野火的活動を、2つの異なる社会構造の組み合わせであると指摘している。[10]

インゴルドの『ラインズ』では、世界を「線（ラインズ）」で理解しようと試みる。線には大きく分けて2種類ある。1つは直線であり、もう1つは曲線である。

直線とは、A地点からB地点までの距離を最も効率的につないだ輸送のための線であり、目的とゴールが定められている。

一方、曲線とは徒歩旅行者の線であり、例えばフィリピンのイロンゴ族の生活動線のように、食べ物や飲み物を求めながら、様々な場所を徒歩で移動するような動きである。ここには具体的なゴールが存在しない。生活の過程では、様々なものに出会い、応答することが避けがたく存在する。つまり、生きていること自体が、出会うものに応答し続けることなのである。

エンゲストロームは、この全く異なる直線・曲線の論理がうまく組み合わされたときに、持続可能性を備えた活動になると指摘し、その関係性を「菌根的関係（mycorrhizal network）」と呼んだ。

菌根とは、菌と木の根の共生および搾取体のことである。菌は自力では得られない安定的な生活基盤を木の根に寄生することで獲得し、木の根は菌が棲みつくことで自力では吸収できない栄養分を土壌から吸収する。

例えば、バードウォッチングでは、バードウォッチャーと生物学者は菌根的関係にあると言える。バードウォッチャーが鳥を観察して得たデータが生物学者に共有され、生物学者からバードウォッチャーにはマクロの観察データが示されるという、互恵的な関係が築かれているからだ。

この議論は、企業変革においても非常に示唆的である。

一人ひとりは仕事をする中で様々なものに出会い、それに応答しながら、その人の仕事人生を構築していこうとする。その応答が持続可能であるためには、「直線の論理」（例えば、戦略や資源配分、制度、分業などの経営上の論点）と「曲線の論理」（例えば、個人の機会の発見や問題意識）との間で、互恵的な関係が築かれる必要がある。

そして、直線の論理との互恵的関係がうまく構築できれば、それが社内で広がり、変革的な動きにつながる可能性がある。そこでは、性質の異なる2つの線の接点をいかに接続できるかということが、活動の持続性の決め手となるだろう。

例えば、変革を推進する立場の人々が直線側にいることが多いとするならば、直線側の学習能力が問われていると言ってよい。つまり、「そのような活動は取るに足らない活動だ」「よいと思うけれど、正直よくわからない」といった解釈にとどまっていれば、曲線的なアイデアを適切に直線的なアイデアにつなげることはできない。その結果、アイデアを事業化したり、変革的な動きへとつなげたりすることも難しくなる。

もちろん、曲線側からのアプローチもありうる。例えば、直線側の論理に沿うものとして、自分たちの活動を構築できれば、その活動に対して必要な支援を得やすくなる。とはいえ、支援を受ける側にも継続的な学習の積み重ねが不可欠である。

つまり、それぞれに異なる論理に沿って働く人々が相手の考えを理解しようと努め、互いの接点を探ることで、より相手の論理に沿った活動を提示し、同時に、自分たちにとってもユニークな活動を維持することができる。

これは、直線側と曲線側の双方に当てはまることである。そして、こうした地道な活動の積み重ねによって、双方が互恵的な関係を構築する能力を持てるようになる。これは異なる世界に生きる人々をつなぐ上で有用な対話的アプローチであると言えるだろう。

1　小川環樹訳注『老子』中公文庫、1997年

2　コーポレート部門が支援をしているつもりでも、逆に足を引っ張ってしまうこともある。既存事業の延長線上で新規事業開発を支援しようとして、無用なリスク回避をしてしまうことも少なくない。例えば、品質保証基準を既存事業に合わせたり、事業の公表時期を遅らせたりして、上市を大幅に遅らせる結果になってしまうなどである。これは事業機会の損失にもつながるため、注意が必要だ。

3　この議論は、埼玉大学大学院人文社会科学研究科博士後期課程修了の小方真氏とのディスカッションを反映している。

4　社会構成主義とは、私たちが客観的なものとして認識する現実は、人々の相互行為を生み出す関係性から生成するという考え方である。また、ナラティヴ・アプローチとは、医療や福祉、臨床心理などの対人支援領域において、物語（narrative）を手がかりに実践されるケアの方法を指す。

5　Gergen, Kenneth J. (2011). *Relational Being*. Oxford University Press.（ケネス・ガーゲン『関係からはじまる』鮫島輝美、東村知子訳、ナカニシヤ出版、２０２０年）で展開されている概念。「協応」という言葉をここであえて用いるのは、相互に応答し合うという過程を強調するためである。協応的＝対話的であることは概念的にも言えるが、「相互に応答し合う」という状態は、「協応的」と呼ぶほうがより正確であろう。

6　ここで言う「フィードバック」とは、一般にイメージされるような、企業で上司から部下に対して行われるやりとりのみを意味しない。これはもともとシステムの制御に関する概念である。例えば、車を運転するときはハンドルやアクセル、ブレーキといった制御装置を用いるが、その際に私たちは、スピードメーターなどの計器、窓やミラーから得られる外部情報などのフィードバックを受けて、それらの装置をコントロールしている。つまり、人間がフィードバックによって制御されていると考えることもできる。この一連のプロセスは「システム」と呼ばれる。

7　Polanyi, Michael. (1962). *The Tacit Dimension*. Doubleday Anchor Book.（マイケル・ポランニー『暗黙知の次元』高橋勇夫訳、ちくま学芸文庫、２００３年）の概念と野中郁次郎・竹内弘高『知識創造企業』（東洋経済新報社、１９９６年）の暗黙知理解は大きく異なる。本書はポランニーの概念理解に基づいている。Tsoukas, H. (2005). *Complex Knowledge*. Oxford University Press. は、野中らが、形式的な知識を暗黙知であると誤解したことによって、ＳＥＣＩモデルが成り立っており、その結果、単に形式知の共有に過ぎないものを彼らは知識創造と呼んでいると指摘する。ここで言う「暗黙知」とは、知識を成り立たせる暗黙的な次元の理解のことを指し、形式的な知識は、暗黙的次元を伴ったときに初めて知識として認識され、機能するのである。

8 Bate, Paul.(2004). The Role of Stories and Storytelling in Organisational Change Efforts: A Field Study of an Emerging "Community of Practice" within the UK National Health Service in Hurwitz, B., T. Greenhalgh and V. Skulans, *Narrative Research in Health and Illness*, pp.325-348.

9 Yrjö Engeström, (2009). Wildfire Activities: New Patterns of Mobility and Learning, *International Journal of Mobile and Blended Learning*, 1(2), pp.1-18.

10 Ingold, Tim.(2007). *Lines: A Brief History*. Routledge.（ティム・インゴルド『ラインズ――線の文化史』工藤晋訳、左右社、２０１４年）

第8章

企業変革を推進し、支援する

「企業の目的の定義は一つしかない。それは顧客の創造である」

（ピーター・F・ドラッカー『現代の経営（上）』）

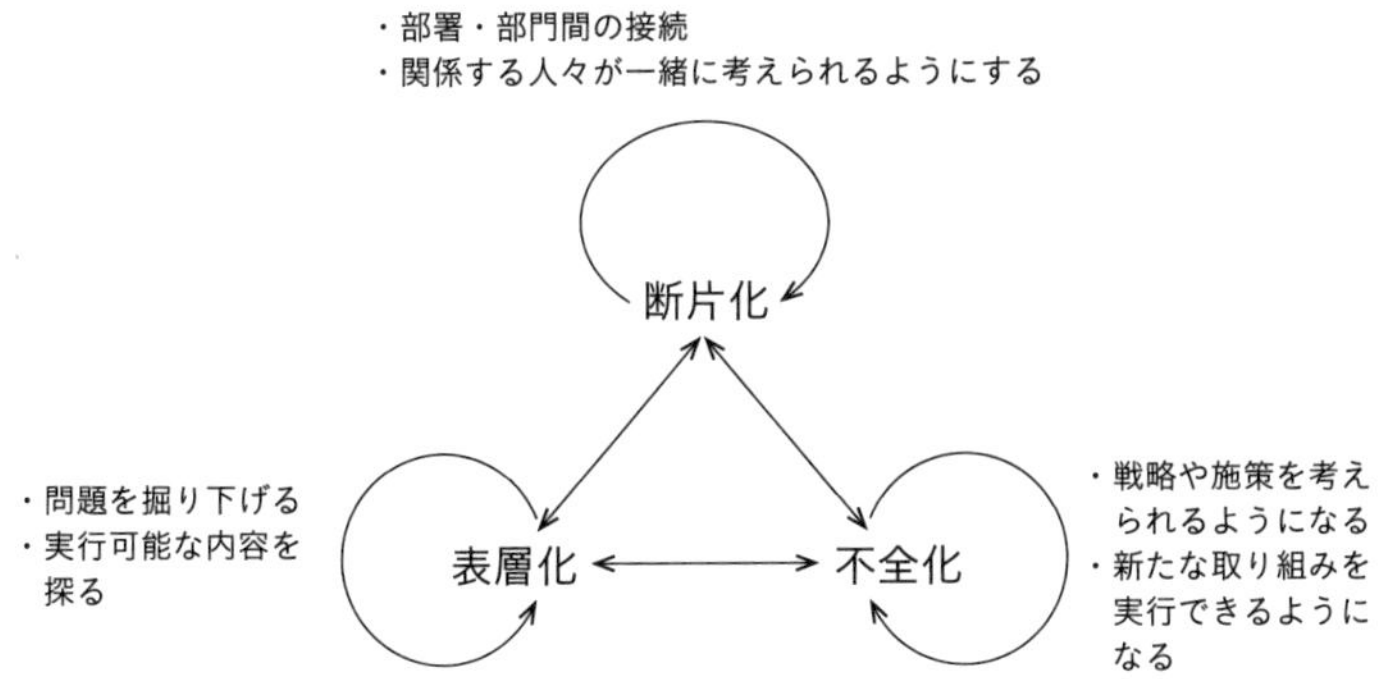
・部署・部門間の接続
・関係する人々が一緒に考えられるようにする
断片化
・問題を掘り下げる
・実行可能な内容を探る
表層化
不全化
・戦略や施策を考えられるようになる
・新たな取り組みを実行できるようになる

図8-1　変革支援機能の役割

これまで、企業変革とは何か、実際にどのような問題が生じるのか、その問題にどうアプローチするか、という点について、主に多義性・複雑性・自発性という3つの論点をもとに考えてきた。その内容は、構造的無能化が進む組織においても、それぞれの場所から変革をするという点を強調するものであった。

この動きをさらに確実にしていくには、各所の取り組みを全社的に統合する必要がある。それには、変革を推進することを主な役割として、各所の動きを支援しながら、変革を着実に進める変革支援機能の存在が欠かせない。

構造的無能化の各段階で起きる様々な問題に対処する際に、変革支援機能が担う役割を図8－1に示した。

では、具体的にどのように支援していくか、また、その際に必要な考え方とはどのようなものか。最終章となる本章では、この点について考えていきたい。

変革支援機能とは、企業変革を進めるための障害を取り除き、ファシリテート（促進）するための機能である。

この変革支援機能は、組織デザイン上、本社のコーポレート機能の1つとして、特命組織的な位置づけとなることが望ましい。人事部門や経営企画部門が中心となって、マーケティングや知財、法務などの各部門とも協力し、企業変革支援のための専門集団が編成される必要がある。大手企業であればコーポレート機能の1つとして置かれることが好ましい。

この変革支援機能の主な任務は、既存の分業体制や組織ルーティンからこぼれ落ちた重要な課題や業務について、新たなルーティンを構築していくことにある。この支援機能の具体的な役割について考えてみよう。

企業変革に必要な4つのプロセスと支援

この企業変革支援機能の役割は多岐にわたる。ここでは、第2章で示した企業変革で取り組むべき次の4つのポイント（再掲）に立ち返り、これらのプロセスを実現するために必要な支援と

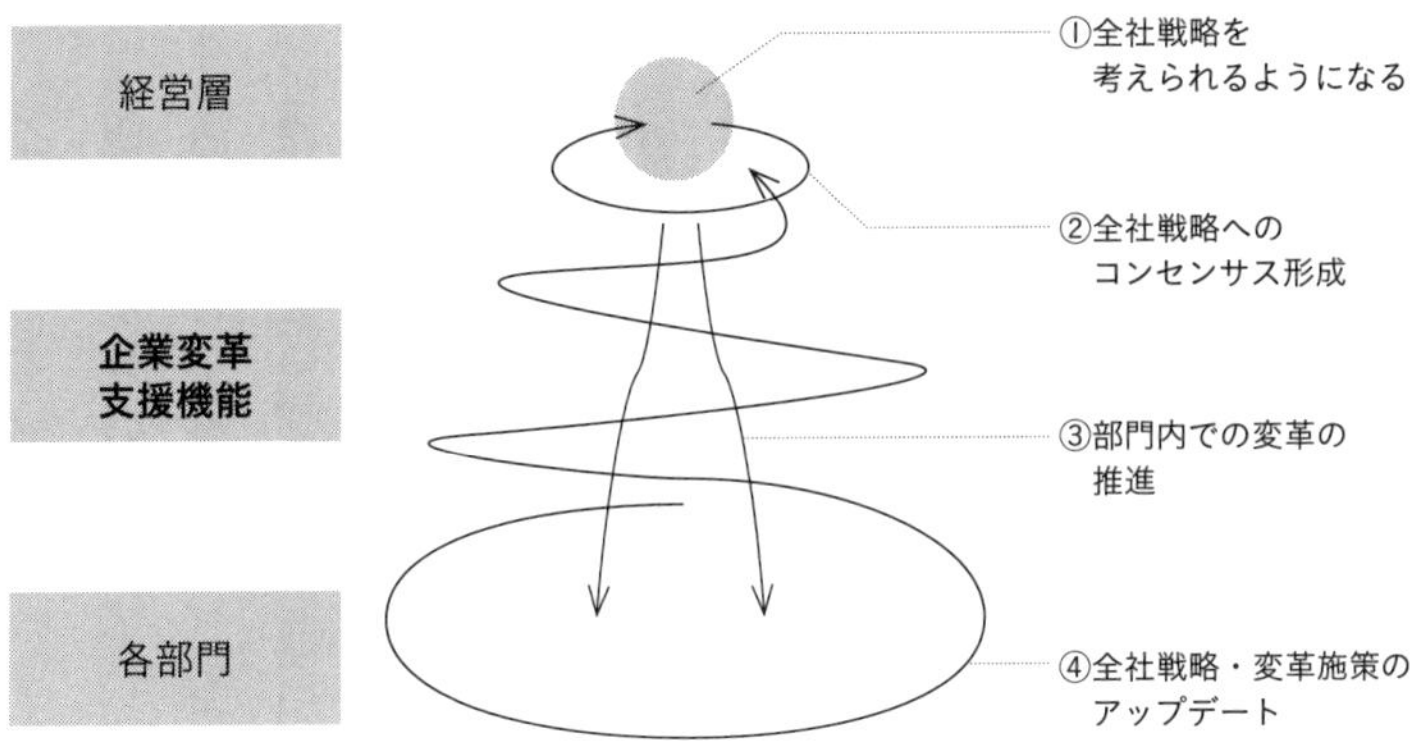

図8-2　企業変革の実践と支援機能の役割

は何かについて、あらためて整理するという意図もあるため、内容的に一部重複する点があることに留意されたい。

①**全社戦略を考えられるようになる**：自社の将来的な方向性を示す全社戦略を構築する

②**全社戦略へのコンセンサス形成**：全社戦略に基づき、各役員が自分の役割を理解する

③**部門内での変革の推進**：各役員が考えた事業戦略を部門内で共有し、新規事業開発や様々な変革施策を展開する

④**全社戦略・変革施策のアップデート**：各部門のミドルマネジャー以下のメンバーが、全社戦略と事業戦略の関係を理解し、事業戦略推進上の課題から変革の方策を考え、それを戦略へと落とし込む

まず、各章で述べてきたように、①から④のプロセスについて、個々の当事者が自発的に考えたり実行したりすることは、きわめて難しい。

ここでは便宜上、「全社戦略の構想」という上位階層の取り組みから順に示しているが、実際にこの順番通りに進むとは限らない。多くの場合、①から④の間を往還しながら、徐々に全社戦略を考えられるようになり、実行できるようになり、そこからさらなる戦略の刷新につながるアイデアと実践が出てくるようになる。この一連のプロセスをいかにうまく回していけるかによって、企業変革の成否が決まる。

では、①から④の実践で必要となるのは、どのような支援だろうか。各プロセスごとに考えてみよう。

①「全社戦略を考えられるようになる」ために必要な支援

ここで重要なのは、全社戦略を考えることというより、全社戦略を考えられるようになることだ。

全社戦略が不明確なままだと、変革に向けて各部署がバラバラに努力することになり、思うような成果が出ずに変革疲れが起きてしまうことは、これまで述べてきた通りだ。これは変革の進捗に直結する問題でもあるため、この段階で経営陣が積極的に支援に関わっていくことが支援活動の最初の目的となる。

尚、戦略の明確性が低い理由は、戦略だと思っているものが実際は戦略と呼べるものではなかったり、戦略が考えられていないことに気づいていなかったり、資源配分を大きく変えるほど新領域への事業展開に対して腹が決まっていないなど、実に様々である。あるいは、必要な社内の動きが乏しい、世の中の動きに対するインプットが十分ではないなどの原因もあるだろう。

このように曖昧な戦略しか示せない経営層に、全社戦略を考えるべきだと迫れば、コンサルティングファームに外注してしまうこともあるかもしれない。

繰り返すように、こうした外部の企業と協力しながら変革を進めること自体は決して悪いことではない。だが、自分たちの考察や仮説なしに外部に発注するだけでは、それが適切な効果をもたらすものかどうかもわからないままだ。そうなると、形式上は経営会議で合意が得られていても、各役員層の理解度はバラバラで、戦略の実行段階でも十分な連携がとれずに、重大な問題が生じかねないので注意が必要だ。

変革支援機能が担う役割

多くの企業では、戦略構築は経営企画部門に主導権が与えられており、経営企画部門は各事業部門が積み上げた数字に基づいて計画策定を行い、それが経営会議で承認されるだけというケースが少なくない。この背後には、既存事業の運営という観点で戦略構築のルーティンが固定化され、新規事業開発などの不確実性の高い取り組みのためのルーティンが構築されていないという問題がある。

組織内に新たな戦略を考え、実践するためのルーティンが存在しなければ、当座を凌ぐために、外部への依存度を高めることにもなる。新規事業開発は組織にとって、長期的かつ重要な取り組みであるため、やはり自組織で考える機能と能力を備えておく必要があるだろう。

変革支援機能が果たすべき役割は、経営会議で全社戦略の構想を固め、それについて各役員が自分の役割をしっかりと理解し、実行できるようになるまで、支援することである。

そして、支援機能が担うべき支援には主に2つの役割がある。1つは、全社戦略を考えるための議論のファシリテーションであり、もう1つは、各事業部門での議論のファシリテーションである。

これを円滑に進める上では、様々な変革や戦略のアイデアがボトムアップされるように、事業部門や様々な現場において、有望な新規事業テーマや既存事業変革の方向性、変革上の有用な施策やテーマなど、変革施策や戦略のアップデートに必要な情報を収集する仕組みを構築する必要がある。

ファシリテーションに必要な視点

議論のファシリテーションについては、第6章で紹介したリクルートの変革事例などが1つの参考になるかもしれない。そこでは、自社が変えてはならない価値は何か、それを実現するためにどのような事業を行うべきかといった、長期的な取り組みについて議論するとよいだろう。尚、実際にこのような議論は抽象的な内容になりやすく、表面的な話にとどまるケースも少なくない。このため、各役員層が実行に落とし込めるところまで、具体的に議論することも不可欠だ。

また議論の場では、最初から「自社事業で変えてはならないものは何か」などという核心的な話をしようとしても、有意義な議論にならないこともある。なぜなら、いきなり「何を（what）」「なぜ（why）」と問われると、すぐに答えを出さなければならないと受け止められ、それまでの様々なプロセスを踏まえずに、拙速に何らかの結論を出そうとしてしまうからだ。こうしたことはやはり避けねばならない。

したがって、順番としては、これまでに取り組んできたことの棚卸しから始めるのがよい。これは、思考に時間軸を取り込むということでもある。

「時間軸を取り込む」とは、これまで述べてきたように、現在の考えに至るまでの時間の経過を踏まえて、自分たちの実践を振り返ってみるということである。単に現在の考えを語るだけでは、その背後にある複雑な問題とその打開策に目を向けることが難しくなってしまうからだ。

これまでの取り組みを語ってもらうことで、当人にとって、何が課題であるのかが徐々に見えてくる。そうした語りのプロセスを経ることによって、自分たちにとって大事なものが徐々に明らかになり、自分たちが守るべき価値をより強固なものにすることになるだろう。

一方、実際に変革に踏み込むには、その場で示されたものと現状とのギャップを数値化し、どのような策を講じる必要があるかというところまで、具体的に議論することも大切だ。ここでも、ゴールに向けたこれまでの取り組みを様々なデータとともに振り返り、課題が浮かび上がるのを待ち、有効な手立てを探っていくことが望ましい。

時間軸を取り入れて整理する

このように、全社戦略としてのゴールを定め、それに対してとりうる手段を考える際には、ロジックのみで考えることは避けなければならない。必要なのは、時間軸に目を向け、自分たちの取り組みから必要な課題が浮かび上がるように、さらにそこから具体的な戦略を構築できるように、支援機能の人々がファシリテートしていくことである。[1]

このようなプロセスを経ずに、いきなり戦略を考えようとしても、実現可能な限られた選択肢の中で長期的な戦略を考えることになってしまう。

戦略は、実現可能性がなければならないが、実現可能性のみで考えてはならない。

断片化された環境下で日々のルーティンをこなしていると、私たちはつい、実現可能性の高いものに目を向けがちである。だが、戦略を構想し、実現する道筋を組み立て、それを共有し、その実現に向けて何ができるかを一つひとつ考えていくプロセスを大切にしてほしい。

そのためにも、繰り返しになるが、自分たちがこれまで取り組んできたこと、そこから見えてくる目指すべき方向性を丁寧に棚卸しし、時間軸を取り入れて考えることが大切である。その際、支援機能の人々には、これらの議論をつなぐファシリテーターとしての役割が求められる。

また、構想を広げ、それを実現可能なレベルへと具体化するには、担当役員だけではなく、管掌部門のミドルマネジャーも一緒になって、自事業の守るべき価値と打開策を出し合い、今後の戦略について議論していく必要がある。その際は、市場の新たな動向にも注目して、自部門の課題を掘り下げるとよいだろう。

部門内で行われるこの一連の戦略構築のプロセスでは、支援機能の人々が議論のファシリテーターとなることが求められるが、ここでも同様に、表層的な問題や現状のアイデアの妥当性を議論するのではなく、これまでの事業運営の中での議題や経験を紐解きながら、議論が繰り広げられることが望ましい。[2]

つまり、「全社戦略を考えられるようになる」ということには必然的に、組織全体で考えるというプロセスを伴うため、それ自体に重要な意義があるのだ。

これまで見てきたように、変革には多義性、複雑性、自発性という壁があり、これらを乗り越えることは容易ではない。変革が思うように進まない現状があるならば、その苦しい構造の中で変革を試みたものの、まだ成果に結びついていないのだと考える必要がある。これを、変革がなされていないという結果のみで判断してしまうと、変革上の重要な手がかりを見落とすことになりかねない。

また、企業変革の支援者は、変革に取り組まなければならないメンバーへの敬意を決して忘れてはならない。「他者を通して己を量りなおす」対話的な視点を持たずして、変革は進まないだろう。

②「全社戦略へのコンセンサス形成」に必要な支援

さて、こうした様々な活動を通じて全社戦略を考える段階で最も重要なことの1つが「全社戦略へのコンセンサス形成」である。以下では、ここで生じる特有の問題について考えてみたい。

例えば、第2章でも述べたように、それまでは新規事業担当役員に任せきりであった新規事業開発について、実際に既存事業の技術や人員をそれなりに割くことで、初めて対応すべき課題が見えてくることもあるだろう。

それによって、人員などの資源配分の変更を迫られたり、それまでは対岸の火事として捉えていた新規事業部門の課題が自部門にも関わるものであることに気づいたりして、新たなコンフリクトが生じる可能性もある。

コンフリクトを発見し、コンセンサスを構築する

こうしたコンフリクトは本来、経営という観点からは望ましいものである。ただし一律の解決策は存在しないため、それを乗り越えるには対話的に打開策を探っていく必要がある。コンフリクトによって、変革が頓挫してしまうことは避けなければならない。そして、この点にこそ、支援機能の人々が積極的に関わることが望ましい。

大切なことは、例えば、既存事業部門と新規事業部門の各役員が各々の立場を超えて、全社戦略という観点、もっと言えば、その戦略の先にある社会や顧客にとって何が望ましいのかという視点で考えられるようになることである。それはすなわち、経営という観点で必要なことが何か、

そのために双方ができることは何か、などの問題を広く考えられるようになることであり、変革支援機能の人々の役割は、そうした状況を作ることにある。

変革の当事者が、全社経営という視点で、よりよい選択ができるようになること。これは時に利害が対立する他部門の視点で自分たちを捉えたり、社会や顧客の視点で自社を捉えたりすることでもある。

生じうるコンフリクトの一例として、例えば、新規事業開発部門に新たな人員を割かなければ新規事業開発が進まないケース、あるいは、事業コストの配分がなされる事業部門との協力が求められるケースについて考えてみよう。

このような場合、事業部門は一定の人員や予算を割くことになるが、新規事業開発の経験を人材育成という観点で捉え、そこで育った人員を事業部門の変革人材として起用していく流れを作るなど、事業部門、新規事業部門双方にとっての意義を可視化してみるとよいだろう。

全社戦略が明確であれば、将来的にどのようなスキルを備えておくことが望ましいかも自ずと見えてくるため、打開策も見出せるはずだ。また、人事部門がこのプロセスに積極的に関わることで、各部門の動きを把握したり、論点を整理したりすることにもなるだろう。

一方、新規事業部門で育成した変革人材を生かすためには事業部門の戦略を刷新していく必要があるので、この戦略構築を支援していく必要もある。

企業変革においては常に、短期的な成果と長期的な重要課題への取り組みの間でジレンマが生じるため、このジレンマを一つひとつ乗り越えていくことが様々な場面で求められる。これは企業変革に必要なコンセンサスを形成するということでもある。

新規事業開発だけでなく、全社戦略や事業戦略の刷新、それに伴う様々な変革施策は、自分たちの取り組みを長期的な視点で捉えようとするものである。これは、数値化が難しいため、どうしても短期的な合理性に駆逐されやすい。

これを対立の構図で捉えるのではなく、そうした状況を避け、長期的な変革を円滑に進めていくには、既存事業と新規事業との評価基準の違いを明らかにしておく必要がある。

例えば、現在の損益に基づく評価ではなく、将来的な価値（その事業の時価総額）に換算して新規事業の評価を示してみる。[3] それによって、評価基準を分けながら、新規事業の進捗や経営への貢献を明示化し、短期的な成果を求める社内の声とも折り合いをつけることができるようになるだろう。

つまり、こうした方法を構築していくのが変革支援機能の人々の仕事である。これもまた企業変革を進める上で必要な対話的取り組みであり、日々自分たちの職務を果たそうとする人々への説明責任を果たすことにつながるだろう。

もちろん、これらの地道な努力が実らないこともあるかもしれない。そのときは撤退すること も当然ありうる。だがここでも、人々の努力に対する敬意を決して忘れてはならない。

③「部門内での変革の推進」に必要な支援

全社戦略が構築され、経営層でのコンセンサス形成が進めば、各部門での変革をどう推進するかということが重要になってくる。実際、このフェーズでは①から③のプロセスを往還しながら進むことは、これまで見てきた通りである。

この段階では、いかにして階層間のコンフリクトを乗り越え、自発性を涵養し、戦略や施策の実行を進めるか、そしてそれをどう支援するかといったことを考えなければならない。

変革支援機能に必要な視点

この観点から最も遠いのが、「全社戦略で決まったことについて必要な方策を考える」というゴール設定を行い、それに向けて取り組もうとすることである。このように、戦略や施策を「上から降ってきた」ものとして捉えてしまうと、各部門はそのストレスに対処しようとして、他企業の似たような事例を参考にして乗り切ろうとしたり、既存のフレームワークに頼ろうとしたりするだろう。これでは変革に向けた長年の取り組みが無駄になってしまう。

支援機能が担うべきは、あくまでも、事業部門など、それぞれの現場の考えや実践を支援することであり、そのためには、支援者側も一度、彼らの視点で全社戦略を捉え直すことが望ましい。

尚、ここでも部門全体、あるいは各部門のそれぞれの現場において、時間軸を意識して考えることが大切である。これまで事業部門の人々の取り組みについては、仮にそれが本社側の期待に沿うものでなかったとしても、1つの成果として捉える必要がある。

大切なのは、これまでの取り組みが実感を持って語られることで、部門メンバーの間に自分たちの課題が徐々に浮かび上がってくることである。これまでの自分たちの取り組みをしっかりと認め、一度テーブルの上に置いて考えるという作業は、当事者のみで行うことが難しいケースもある。こうした取り組みにこそ、支援機能の人々の存在が意味を持ってくるはずだ。

その際は、支援者は常に変革の伴走者であることを忘れずにいたい。変革支援者は、変革を支援するという大義のもとで、現場の人々の消極的な姿勢を、つい非難してしまうことがある。支援者が本社のコーポレート部門に属する場合などは、特にその傾向が強いので、注意しなければならない。

変革の主役はあくまで各部門で働く人々である。

変革に大小の失敗はつきものだ。組織内の様々な立場にある人々が、自分は変革の当事者であるという実感を持てるようにすること。それこそが、支援者が担うべき役割である。

伴走的支援者の視点という意味では、第6章で紹介した「ポジティブ・デビアンス」を見つけたり広げたりすることを支援するのもよいだろう。支援する側ではなく、当事者の取り組みの中にこそ打開策があるという視点を持つことが支援者には必要である。

ポジティブ・デビアンスの発見が、全社戦略の構築や刷新につながることは十分にある。例えば、新たな事業機会を見つけることなどはその典型だろう。それによって部門内から様々な提案が出てきたり、その提案を練り上げて戦略へと統合していくことも、少なからずあるからだ。

もちろん、短期的成果を求められることの多い事業部門が、新たな事業アイデアをうまく育て、具体的な新規事業へとつなげていくことは、簡単なことではない。

だからこそ、支援機能の人々が、全社戦略や事業戦略と照らし合わせながら、アイデアを事業へとつなげる検討機会を設けたり、他部門との議論をファシリテートしたり、社外の有識者との接点を作ったりして、新たな事業機会を見つけるために支援することが望ましい。これもまた、企業変革に伴う様々なジレンマを乗り越えるために必要な取り組みである。

変革の当事者が自分たちの課題を自分たちの言葉で語れるようにすること、また、その課題を乗り越えるための具体的な活動によって、全社戦略との接点を発見できるようにすること。こうした地道な取り組みこそ、変革を進める際に、変革支援機能の人々が担うべきであろう。

④「全社戦略・変革施策のアップデート」に必要な支援

さて、全社戦略が定まり、各部門での変革が進むと、必ずボトルネックになるものが見えてくる。これはさらなる全社戦略や変革施策のアップデートに不可欠な、貴重な情報である。

例えば、新規事業のアイデアを展開しようにも、社内の複数の部署に必要な情報が偏在しているために、当該部門だけでは十分に方向性が探れないことがある。これは、全社戦略が考えられずに組織の断片化が進むときに生じやすい現象である。

あるいは、先述のように、これまでの事業とは異なる領域で新規事業開発を試みるが、実際に上市しようとする際に社内の品質基準をクリアできない、速やかに契約を進めたくても、既存の手続きを踏まなければならず、大幅な時間のロスが生じるなどの問題が生じることもある。いずれも既存の社内基準によって新たな活動が制約される典型例であるが、このような場合も、支援機能の人々が適切にサポートすることが望ましい。

情報の偏在、部門・部署間のコンフリクトにどう対処するか

情報の偏在は、各部門・部署がそれぞれに新しいテーマに取り組もうとしていることの表れでもあり、必ずしも悪いことではない。だが、そこには偏在する情報を統合する仕組みが不可欠である。あるテーマに関して、社内に散らばる情報を総合してみると、組織全体で取り組むべき次の重要な事業領域も見えてくるはずだ。

新たなテーマを発見し、実際にプロジェクトチームの立ち上げなどにつなげる上でも、日頃から支援機能の人々が各部門・部署にアクセスし、新たな動向について把握しておく必要がある。ここでもやはり、変革の当事者は事業部門の人々であることを忘れないようにしたい。

尚、情報収集をする際も、各部門・部署がこれまで何に取り組んできたのか、その中で新たなテーマへの取り組みがどのように生じてきたかといった経緯を踏まえることで、部門メンバーにとっても、自分たちの取り組みが整理され、より明確に課題を認識できるようになるだろう。それによって、部門間のコンフリクトも低減できるはずだ。

こうした各部門・部署の課題を知ろうとする地道な取り組みを習慣づけることで、支援機能の人々が全社戦略につながる重要なテーマを徐々に把握できるようになる。必要に応じて、経営会議でも重要なテーマについて議論できるように議論を整理したり、継続的に検討すべきテーマについては、さらに議論が深まるように支援していくことが望ましいだろう。

また、これまでの社内基準と新規事業との間に生じる問題についても、基本的に行うべきことは変わらない。品質基準が既存事業の水準に満たないのであれば、別ブランドを新たに作るなど、問題が生じても既存事業に大きな影響が及ばないようにするための方法は様々にある。

問題はむしろ、社内の品質管理部門や法務部門などが、変革推進のために動いてくれないように見えることだ。時には、足を引っ張られていると感じることもあるかもしれない。だが、そのような対立構図を強調することが変革を停滞させるということは、心に留め置きたい。

このような問題に取り組む上でも、経営者の積極的な関与を引き出す努力に加え、時間軸の思考を取り入れるとよいだろう。なぜなら、組織の様々な基準は、長年の企業活動の中で継続的に構築されてきたものであるからだ。

例えば、ある社内基準を変更したい場合、他社の事例を引き合いに出して力ずくで変えさせようとしても不要な対立を生むだけだ。新たな解決策を拙速に導入しようとすることも、その基準を守ってきた立場の人々からすれば、大きなリスクと感じられるだろう。

こうしたケースでは、従来の基準が作られた経緯を当事者に語ってもらうのも、1つの効果的な方法である。当事者の語りを通じて守るべき価値を明らかにし、新たな基準をともに作っていくことで、変革の協力者になってもらうのだ。

こうした取り組みは、一見、複数の部門・部署に横串を通しているだけのようにも見えるが、実際に会社の基準を変えるなどの小さな変化の積み重ねが、他の変革的な取り組みも加速させ、やがては全社的な変革につながるだろう。部門・部署レベルの小さな変革施策を支援することは、変革のボトムアップであるとも言える。

変革支援機能の人々が大小様々な機会を掘り起こし、各部門・部署の変革をうまく支援できるようになれば、やがては様々な課題を乗り越えられるはずだ。その際には、経営層がこうした次の戦略のアップデートにつながる動きをしっかりと受け止め、戦略や変革施策に組み込んでいく必要がある。

経営層からメンバー層まで、組織のあらゆる階層の人が、この①から④のサイクルを回し続けることができるようになれば、変革の流れは本格化するだろう。

何が有効か——企業変革とケアの思想

変革支援機能が担う役割とは、これまで述べてきたように、断片化された組織内部をつなぎ直すことであり、必要な課題について自発的に考えたり、実行したりすることが難しくなっている現状を、少しずつ変えていけるようになることである。

つまり、企業変革において生じる様々なジレンマをともに乗り越えようとすることであり、この地道な取り組みを通じて変化を捉え、戦略をアップデートし、実行できる組織へと徐々に変わっていくことである。

これは言葉で表現するとシンプルではあるが、これまで見てきたように、実際には複雑な問題に一つひとつ取り組んでいかなければならない。筋縄ではいかない変革上の課題に対し、当事者自身がその問題を捉え、必要な決断ができるようになること。それを支える黒子の役割を担うのが変革支援機能である。

変革を支援するとは、支援のための組織体の有無にかかわらず、常に、当事者がどのような状況にあるか、どうすれば相互によりよい状態を構築できるかという問題について、日々知性を働かせ、行動することである。

これまで変革支援機能について述べてきたが、最後に、「企業変革支援」という観点を支える考え方を明確にしておきたい。その知性や行動を支える考え方とはどのようなものだろうか。

それは、「組織をケアする」という視点であると本書では考える。[4]

ケアとは、主に、看護を含む医療や福祉などの領域で展開されている思想であり、実践である。

そのため、企業変革の話とはやや遠い世界の話ではないかと思われる方もいるかもしれないので、少し丁寧に説明してみたい。

哲学者の村上靖彦は、看護・福祉の領域におけるケアについて考察した著書『ケアとは何か』で、「ケアとは生きることを肯定する試みだ」と述べている。[5]

当事者に何らかの問題が存在しているとき、ケアとはその問題を解決することを目指すものではない。当事者にとっての問題は、「○○という疾患」のように一般的に定義されるものだけを指さない。そうではなく、その人の人生の中の大きな出来事であり、それぞれの人生の複雑さの中で個別に起きる現象である。

例えば、精神障害のような慢性疾患のケアの場合、単に治療すべき対象としてクライアントを見るのではなく、その障害をもつに至った固有のプロセスがあり、それぞれに複雑な生活史があることを見定める必要がある。当人が感じている苦痛も、人間関係や経済的なものなど、その原因は複雑であろう。

その中で、固有性を伴う問題として病気を捉えると、技術的な解決策以外に、「その人や状況にとって必要なことを行う」という新たな視点が生じてくる。[6]

医療人類学者のアネマリー・モルは、著書『ケアのロジック』において、医療におけるケアを説明する際に、ケアの反対語として、「選択」という言葉を示している。[7]
この選択のロジックでは、相手は選択をする能力を持った、他者から独立した個人であると考える。そこでは、相手が必要な選択を行うための情報を提供することが求められる。そこに想定されているのはあくまで一般性であり、その一般的な情報に対し、それぞれが自己の状況に沿って選択する能力があるとみなす。

一方、ケアのロジックにおいては、支援する相手にはそれぞれに固有性や独自性があると考える。相手の状態を一律の基準に照らして評価するのではなく、その人の直面する困難や課題について、固有性や独自性を認めるということである。

同時にそれは、その人が生きてきたプロセスや、その固有のプロセスの中で起きている現象を肯定することでもある。

本書で用いてきた言葉で言い換えるならば、これは時間軸を取り込むということであり、それによって問題の二重性を理解しようとする姿勢であるとも言える。何らかの問題があったとして、それがどのような経緯で生じてきたものなのかを考え、表層の問題解決にとどまらず、背後の複雑な問題にともに取り組んでいくことである。これは、一般的な基準に照らして相手を評価するという選択のロジックとは対照的なものだ。

当事者が生きる物語について、その固有性のもとで、それがいかなるものかを探ろうとすること。仮に相手が問題を抱えた状態にあるとすれば、その問題の背後にある物語を知るために、問題を紐解こうとすること。よいケアを実践する上で必要なのは、そうした取り組みである。

私たちには、言葉で語ることのできる問題もあれば、言葉では語りえない苦悩や困り事もある。それらが示す小さな手がかりから、相手の生きている物語を理解しようと試みること。言葉にならない苦しみを言葉にすることを手助けし、相手にとって意味のある方向性を探り、実践を支援していくこと。そしてその実践のプロセスに伴走しようとすること。ケアの思想が前提とするのは、このような姿勢である。

では、企業変革の推進という課題に対して、「組織をケアする」という観点で捉えると、何が見えてくるだろうか。

今、多くの企業では、従業員へのサーベイや事業部門へのフィードバックが行われている。人事部門は、事業部門長などにサーベイ情報を提供し、その情報に基づいて選択をさせ、その結果については当人の責任とするという意味で、これは「選択のロジック」で展開される取り組みだ。事業部門ごとの業績情報を示して改善を要求する経営企画部門や、株価という情報によって投資家が経営者に経営改善の必要性を示すことも、選択のロジックに則ったものである。

こうした取り組み自体は間違いではない。

部門長に対する評価は、役員へのステップアップ対象となりうるかを選抜するという点では価値があり、それを吟味するという観点では正しい。株価についても、投資家の経営者に対する評価を示す重要な指標であり、経営者としてふさわしいかどうかを判断するという点で正しいと言える。

しかし、この選択のロジックに則って行動するだけでは、必要な行動が常に引き出されることはない。慢性疾患的な企業組織の変革の場で必要なのは、行動が生じない状況の背後にあるジレンマを、ともに紐解きながら乗り越えていこうとすることである。

自組織が抱える問題が何であるかを探り、必要な方策を考え、実行してみること。もし、その結果が思ったようなものでないならば、またそこから考え直し、実行を試みること。この一連の実践のプロセスに当事者とともに取り組み続けることが、企業変革に必要な組織のケアのロジックである。

企業変革を行う上では、「全社戦略や事業部門の戦略を考えられるようになる」ことや、それ以前に「戦略を考えようと思えるようになる」ことも視野に入れて、適切な支援をする必要がある。そのためにはまず、当事者のニーズを把握し、それをどう実現するかをともに考え、彼らの実践に伴走しなければならない。

例えば、ＤＸの取り組みについて、ＤＸを推進しようとする推進部門と、実際にＤＸを行う事業部門があるとすれば、ＤＸの必要性や正しさを示すよりも、推進部門が事業部門の課題や困り事、彼らのこれまでの取り組みについて理解しようと試み、その課題や困り事に対してＤＸを役立てる道を探るということが、ケア的な視点に立ったアプローチと言えるだろう。

企業変革において伴走する、ケアをするとは、様々な取り組みが失敗したり頓挫したりする場面に対峙し続けなければならないということでもある。相手が思うように動かなかったり、内容をよく理解しないまま多くのことに手をつけすぎていたり、約束したはずの変革上の施策があまり実行されないといったことは、おそらく日常茶飯事だろう。

だが、そのような場合も、それを変革の失敗と考えて相手を正そうとするのではなく、新たな変革の方向性の萌芽と捉えることが肝心である。実行上生じる様々な問題は、問題の二重性の発見への入り口である。

また、こうした支援を継続するには、支援する側もチームで行動することが望ましい。一人では目の前の問題をどう解決するかという思考に陥りやすく、問題を多面的かつ長期的な視野で捉えにくいからだ。問題を複数のチームメンバーで眺め、それが実際に何を意味するのかをともに考えながら支援していくことが大切である。

尚、ここで示した変革支援機能とケアの考え方は、必ずしも変革支援機能の人々だけのものではない。変革当事者である新規事業部門や各事業部門の人々も、それぞれの立場で可能な限り社内外の人々と手を携えて変革に取り組むことが求められる。

そこでは、変革の成果をどう捉えるのかということも問われるだろう。

事業ポートフォリオや、事業ドメインが変わることは1つのわかりやすい成果であろう。だが、その成果だけを得ることは難しいし、その成果に至るプロセスもまた、重要な変革の成果であることを忘れないでほしい。

企業あるいは社会において、組織で働く一人ひとりが自ら経営する役割を実感できるようになること。それもまた、重要な変革の成果である。そのためにも、ともに力を合わせ、変革の道を歩んでいきたいものである。

今日の成熟した日本の企業には、技術的な解決策のない複雑な問題だけが残っているのかもしれない。だが、その状況を変革していくことに、焦らずに取り組みたい。長い年月の中で生じてきた複雑な問題に、単純な方法では歯が立たないのは当然であるからだ。

悠長に構えることは禁物だが、長期的な取り組みが避けられないこともまた事実である。複雑な問題を1つずつ紐解き、時にそれを支援し、そして確実に変革を進めること。そこには確信が持てないこともあるだろう。その道程には、頓挫したり、どこから手をつけたらよいかわからなくなることもあるかもしれない。

だが、その苦しい道程を知ることこそ、あなたが変革者である証しである。成果も大切であろうが、この道程こそを私たちは誇ろうではないか。

いつか花が咲く日々を信じて。

章のまとめ

企業変革の実践では、ポイントとなる4つのプロセスを推進できるように、変革支援機能の人々だけでなく、経営層や経営企画・人事などの既存のコーポレート部門とともに支援していくことが望ましい。

変革支援機能の人々が担う役割とは、当事者が変革上の重要な問題を考え、整理し、コンセンサスを形成し、それを実行できるようにしていくことである。これは言い換えれば、「経営のファシリテーション」である。

現代企業の複雑な分業体制に足りないのは、当事者に伴走する支援者の存在である。変革支援機能の人々は、その意味でケアをする存在であり、変革プロセスの頓挫は、変革に必要な手がかりを見つけるための貴重な機会として認識する必要がある。

1　この場合の「ファシリテート」とは単なる司会進行ではなく、その場において議論されるべきことを投げかけ、その場に集う人々の仕事をその人々の手に返すことである。

2　これまで述べてきた内容には、②と③の要素がかなり含まれている。全社戦略をまとめるには経営会議メンバーの活発な議論が必要であり、その過程自体が②のコンセンサス構築にもつながるからだ。また、各役員が全社戦略に寄与する事業戦略を考えられるようになる過程には、ミドル層との連携が不可欠であるため、必然的に③も関わってくる。

3　NECの新事業開発部門ではこうした取り組みがなされている。佐々木将人・宇田川元一・黒澤壮史「NEC──新事業開発を起点とした企業変革へのチャレンジ」（『一橋ビジネスレビュー』69巻3号、164〜176ページ、東洋経済新報社、2021年）を参照。

4　企業変革のための組織のケアは、医療や福祉の領域で使われる「ケア」とは少し様相が異なる。組織ではケアされる対象主体が多元的であり、その主体ごとに多様な利害が存在するからである。株主は利益を求め、経営者は成果を生み出す体制を作る必要がある。一方、働く人々の自発性も重要であり、部門ごとの利害も異なる。これらの多様な利害関係者のコンセンサスを、持続可能な形で構築することが「組織をケアする」ことであると、本書では考える。

5　村上靖彦『ケアとは何か──看護・福祉で大事なこと』中公新書、2021年

6　哲学者のミルトン・メイヤロフは、著書『ケアの本質――生きることの意味』（田村真・向野宣之訳、ゆみる出版、１９８７年）で、「一人の人格をケアするとは、最も深い意味で、その人が成長することを、自己実現することを助けることである」と述べる。ケアとは、相手がその人であるという存在を認め、その人にとっての成長や、よりよい状況に至ることを支援することである。言い換えるならそれは、相手と対話的な関係を結び、支援していくことである。

7　Mol, Annemarie. (2008). *The Logic of Care*. Routledge.（アネマリー・モル『ケアのロジック――選択は患者のためになるか』田口陽子・浜田明範訳、水声社、２０２０年）

おわりに

「イタケーを目指して旅立つ時は、冒険と発見に満ちた長い旅路を願え」

（コンスタンディノス・カヴァフィス「イタケー」『カヴァフィス全詩』）


少し前に、ある経営者の方と話をした。

ちょうど私と同い年で40代半ばの彼は、小学生の子供を育てつつ、経営者として日々、自社の企業変革に挑んでいた。

彼はこう言った。

「子供たちのことを思うと、自分が頑張って日本をもっとよい状態に変えて、次の世代に引き継がないといけないと思っています。そのことに焦りを覚えるときがあるんです」

彼の気持ちは痛いほどわかる。

私たちの世代は１９９０年代までの繁栄を極めた日本経済を子供の頃に経験した。その日本が30年の時を経て、着実に衰退している。

今、世界で戦える日本企業は一体何社あるのだろうかと考えると、この間の落差に愕然とする。このままでは悲惨な状態で次の世代にこの国の未来を託すことになるかもしれない。その責任感と悔しさを私も日々感じる。

私はこう答えた。

「私たちの世代で、日本社会を繁栄した状態に戻すことは無理かもしれません。サッカーで例えるならば、私たちは後半25分、0－5で負けているような状態だと思います。与えられた残り時間でできることは、せいぜいディフェンスラインを立て直して、次の失点をしないように頑張るくらいのことだけかもしれないし、1点を取り返すことかもしれません。でもね、最近思うんです。僕らの出場する試合は、負けてもいいんじゃないかって。だって、世の中はそれで終わりじゃないから。ずっと続くリーグ戦に、僕らは参加しているんです。この試合で負けても、反省材料が見えて、それが次の試合に生きてくれるならば、それでいいと思うんです。だから次の世代のためにも、まず自分たちがやれることをやっていけばよいのではないでしょうか」

自分でも、なぜこんな言葉が出てきたのかはわからない。

彼の思いを受け止めたかったのかもしれない。それは自分の中にある悔しさ、歯がゆさであったのかもしれず、それに対して、自分なりに何か応答したかったのかもしれない。

長く続く日本企業の低迷によって、私たちはずっと悔しい思いをしてきた。

私たちはバブル経済崩壊後の超就職氷河期世代であり、なかなか正規の職に就けず、辛い思いをしている人々を見てきた世代でもある。働き始めてからも、上の世代がリストラに遭う様子を何度も見てきた。明日は我が身なのではないかと、どこかで怯えたこともあった。

給料も上がらないし、少子化は進み、高齢化と人手不足で、この先どうすればいいのかと途方にくれることもある。

世界の華々しいイノベーションを伝えるニュースが、日々メディアで報じられる。焦る。そして、悔しい。どうしてこんな目に遭わなければならないのだろうかと、不遇を嘆きたくなることもある。どうにもならないのだろうかと思う。

この悔しさを晴らしたくて、目の前の状況に抗ったり、心が折れるような経験をしてきたりして、諦めてしまった人もいるかもしれない。こうした厳しい現実を前に、企業を変革するとはどういうことなのか、そのことを真剣に考えたくて、私はこの本を書いたのかもしれない。

変革は、どうしてこれほどまでに難しいのだろうか。

それは、変革することには合理性がないからだ。

変革とは、そもそも未来の利得のために幻を追うようなことだ。企業や社会の未来のために行うのが変革である。そこには現在の地点での合理性はない。このままでは未来は苦しいとわかりつつも、事業が継続できてしまう現時点において、未来のために変革を行うことに合理性はないからだ。

一方で、変革には常にリスクがつきまとう。

変革とは、現在の事業の価値基準や自分に対する評価基準を越えようとする行いである。自分が変革に踏み出しても、それが誰かから正当に評価されるとは限らない。人々から後ろ向きな評価をされることもあるかもしれない。失敗すれば、周りにどう扱われるかもわからない、時にとても危険な行いである。

さらに、変革には苦しさがある。

なぜなら、目の前の仕事の様々なルーティンの外側を駆けずり回らなければならないからである。

それは、道なき道を切り拓いていく行いである。思ったように動かない組織、動いてくれない人々に、動いてもらうようにするための道筋を考え、実行し続けなければならないときもあるだろう。いや、そういうことの連続かもしれない。

なんと苦しいのだろうか。

しかも、そうした危険で苦しい変革の報酬の受け取り手は、自分ではないかもしれない。今日の日本企業の緩やかな衰退局面を変えていくには、時間がかかる。もしかすると、自分は変革を成し遂げた姿を見ることはできないかもしれない。

企業変革にはこうしたジレンマが常につきまとう。

だが、このジレンマを長い年月にわたって乗り越え続けた先に、やがて一筋の希望が見えてくる。海の向こうからやってきたイノベーションに負け続ける悔しさの中に、自分たちの未来が見えてくる。

それはいますぐに見えるものではないかもしれない。だが、その歩みを続けようとする人の眼にこそ、その光が最もよく見えるのかもしれない。

変革は、今日のためではなく、明日のために行うものである。

だからこそ、そこには誇りがある。誰に評価されるわけでもないかもしれない営みに参加することは、とても割に合わないことかもしれない。だがそれ故に、誰にも侵し得ない誇りがそこにある。変革に挑む中での苦しみを、数多の痛みを乗り越えていくことを、私たちはむしろ誇ろうではないか。

仲間のため、世の中のため、次の世代の子供たちのために、皆で力を合わせていくこと。

対立を乗り越え、力を合わせられるようになること、仲間になっていくこと、新たな連帯を築いていくこと。そのことこそ、来たるべき新たな時代に私たちが引き継いでいく、私たちの明日への誇りである。

前著『組織が変わる』を出版してから約3年の時が過ぎた。

その間、新型コロナウイルスのパンデミックがあり、社会・経済においても、また、私自身も苦しい時間を過ごしてきた。世間一般には変革が必要だという共通認識はあるが、どうにも必要な変革が進まないもどかしさを感じてきた。

それ故、執筆当初は、厳しい論調で変革を迫るようなものを書こうとしていた。

変革を伴わない既存業務のデジタル化、全社戦略や事業部門の変革とは程遠いパーパス制定や心理的安全性の向上策など、バラバラに進められる変革に対し、重要な変革そのものから逃げているように見えたことに、苛立ちを覚えていたからかもしれない。

だが、本書を書き進めるうちに、私のその姿勢は間違っていることに気づいた。

私自身が、相手に届く言葉で、相手の風景を見て語りかけることから逃げようとしていただけではなかったかと思うに至ったからだ。

それは、いくつかの企業のアドバイザーを務める機会を通じて、あるいは、様々な企業の人々との接点を通じ、変革の難しさ、苦しさをつぶさに見る機会を得たこととも無関係ではない。人々が自分たちの力で変革に向き合い、進められるよう、私も人々に向き合うことが必要だと学んだ。そして、この本を書くことは、企業や社会に生きる人々を媒介にして、私自身を捉え直す実践でもあった。

本書は自分なりに全身全霊をかけて書いたつもりではある。私自身が変わらねば、書くことは決してできなかったことは確かである。

だが、書生じみた空理空論の箇所もあるかもしれない。認識がずれていると思われる箇所もあるだろう。それはどうぞご批判いただきたい。

そして、そうした批判から、私自身も学び続けたいと願っている。

大切なことは、この愛する日本に住む人々が、よりよい方向へと自分たちの社会を変革していくことであり、これから先も、私はそのために微力を尽くしたいと思う。

この時代において悔しさを噛み締めながら生きる人々、次の時代を託す子供たち、そして、まだ見ぬ未来の子供たち、また、この社会を築き上げてきた先人たちに、本書が少しでも貢献することがあれば幸いである。

謝辞

本書は、数多くの方の支えと励ましにより完成することができました。

前著『組織が変わる』を著してから3年、企業変革における正体のわからない問題を扱う執筆過程は、本当に難しく、苦しい時間でした。しかし、ディスカッションをしてくださった方や、精神的に支えてくださった方など、数多くの方に助けていただいて、この本があります。

すべての方の名前を記すことはできませんが、特にお世話になった方々について、ここに記して感謝いたします。

チェンジメーカーズの木内宏美さんには、思索を深める機会をいただき、また、内容について、アドバイスや示唆、励ましをいただきました。

ローランド・ベルガーの野本周作さん、クアルトリクスの市川幹人さん、NECの北瀬聖光さん、fucanの藤村昌平さん、Makuakeの木内文昭さん、glassyの工藤太一さん、セーフィーの赤崎述子さん、ソシエテの森本真輔さん、富士通の西恵一郎さん、デロイトトーマツの北島絵梨さん、九州経済調査協会の原口尚子さん、Syncaの佐藤晶恵さんには、内容についてのディスカッションをいただき、考えを深めることができました。

Biz/Zineの栗原茂さんには、連載を通じてインプットの機会をいただきました。また、NewsPicksの中島洋一さんには、『他者と働く』の出版以降も、様々な場面で相談相手になっていただきました。

札幌なかまの杜クリニックの三浦由佳さん、クリーク・アンド・リバー社の後藤貴子さんには、本当に苦しいときに親身に話を聞いていただきました。人に助けられることの大切さを感じました。

日本大学の黒澤壮史さん、福岡大学の樋口あゆみさん、専修大学の間嶋崇さん、一橋大学の佐々木将人さんには、研究者仲間としての率直な意見や提案、アドバイスをいただきました。

浅古尚子さんからは、いつも優しく的確なサポートをいただきました。

企業変革実践会の皆さん、sknowman のメンバーの皆さんとのディスカッションは貴重な思索の時間になりました。

そして、私がアドバイザーを務める様々な企業の皆さんとの企業変革の旅路が、私にこの本を書く勇気を与えてくれました。

日経BP日経BOOKSユニットの赤木裕介さん、宮崎志乃さん。長期にわたり、また何度も停滞した私の執筆の過程を支えていただき、それによってこの本を形にすることができました。

ここに記した皆様に心からの感謝をいたします。

多忙な自分を支えてくれる妻と娘に、心からありがとう。

2024年5月

宇田川 元一

＊各章冒頭引用文出典

序章―カール・E・ワイク『組織化の社会心理学　第2版』遠田雄志訳、文眞堂、1997年
第1章―グレゴリー・ベイトソン『精神と自然』佐藤良明訳、岩波書店、2022年
第2章―ピーター・F・ドラッカー『産業人の未来』上田惇生訳、ダイヤモンド社、2008年
第3章―ウィリアム・ジェイムズ「プラグマティズムの意味」『プラグマティズム』桝田啓三郎訳、岩波書店、1957年
第4章―エドマンド・バーク『フランス革命についての省察』二木麻里訳、光文社、2020年
第5章―グレゴリー・ベイトソン「ダブルバインド、一九六九」『精神の生態学へ（中）』佐藤良明訳、岩波書店、2023年
第6章―メアリー・パーカー・フォレット『組織行動の原理』米田清貴・三戸公訳、未来社、1997年
第7章―ヤコブの手紙　1章19節『聖書』聖書協会共同訳、日本聖書協会、2019年
第8章―ピーター・F・ドラッカー『現代の経営（上）』上田惇生訳、ダイヤモンド社、2006年
おわりに―コンスタンディノス・カヴァフィス「イタケー」『カヴァフィス全詩』池澤夏樹訳、書肆山田、2018年

*
* *

企業変革のジレンマ

著者略歴

宇田川 元一（うだがわ・もとかず）

経営学者。埼玉大学 経済経営系大学院 准教授

1977年、東京都生まれ。立教大学経済学部卒業後、同大学大学院経済学研究科博士前期課程修了。明治大学大学院経営学研究科博士後期課程単位取得。早稲田大学アジア太平洋研究センター助手、長崎大学経済学部講師・准教授、西南学院大学商学部准教授を経て、2016年より埼玉大学大学院人文社会科学研究科（通称：経済経営系大学院）准教授。

専門は、経営戦略論、組織論。

対話を基盤とした企業変革について研究を行っている。また、大手企業やスタートアップ企業における企業変革やイノベーションの推進に関するアドバイザーとして、その変革を支援している。

主な著書に『他者と働く――「わかりあえなさ」から始める組織論』（NewsPicksパブリッシング）、『組織が変わる――行き詰まりから一歩抜け出す対話の方法 2 on 2』（ダイヤモンド社）がある。

2007年度経営学史学会賞（論文部門奨励賞）

日本の人事部「HRアワード2020」書籍部門最優秀賞受賞（『他者と働く』）

〈宇田川元一 ウェブサイト〉

https://www.motokazu-udagawa.com/

THE DILEMMA OF
CORPORATE TRANSFORMATION

企業変革のジレンマ
――「構造的無能化」はなぜ起きるのか

2024年6月21日　1版1刷
2024年7月23日　　　4刷

著者　宇田川元一

発行者　中川ヒロミ
発行　株式会社日経BP
日本経済新聞出版
発売　株式会社日経BPマーケティング
〒105-8308 東京都港区虎ノ門4-3-12

ブックデザイン　川添英昭
本文DTP　株式会社CAPS
印刷・製本　シナノ印刷株式会社

ISBN 978-4-296-11592-1

本書籍に関するお問い合わせ、ご連絡は下記にて承ります。
https://nkbp.jp/booksQA
Printed in Japan

「構造的無能化」はなぜ起きるのか